伝え方で損する人得する人

藤田卓也
Takuya Fujita

SB Creative

はじめに

あなたの悩みの原因は、もしかしたら「伝え方」にあるのかもしれません。


提案が通らないとき。

部下の励まし方で困るとき。

上司を説得できないとき。

うまく断れないとき。

私たちは毎日のように、絶えずコミュニケーションをしています。対面で、Zoomで、メールで、LINEで、SNSで、手紙で。アイコンタクトを除けば、ほぼ全ての場面に登場するのは言葉です。言葉があなたの思いを運んでくれています。

「伝え方」によっては「なんでこの人はこんな言い方をするのだろう」と相手の心にブレーキがかかります。「こちらのことを大事に思っていないのかな」とさえ感じる方もいるでしょう。内容は良くても、周囲をうまく巻き込めなければ、思い描いていた結果からはどんどん遠ざかります。これがまさに**「伝え方で損をする」**状態。

もし、今あなたの周りに何か課題があるのなら、解決の糸口は「伝え方」にあるかもしれません。

「伝え方」で損しているかも、と感じることは少ないかもしれません。でも逆に、何かを言われてやる気を失くしてしまったことはありませんか？　同じことを言われているはずなのに、頑張りたくなるときとそうじゃないときはありませんか？

言葉は思いや感情が変換されたもの。受け取るときには、言葉を再び変換することで、その意味や感情、意思を理解します。伝え方によっては、相手の感情を悪い方向へ動かしてしまう力があるのです。

「伝え方」のいらない仕事はありません。伝えることなしに、良い人間関係を築くこともできません。「伝え方」は、あらゆる物事を動かすきっかけとなるのです。

■「損する伝え方」のほとんどは「良かれと思って」生まれる

広辞苑に収録されている言葉、なんと25万種類。1秒に1つ読み上げたとしても、丸3日かかるほどの膨大さ。例えば、「雨」を意味する日本語だけでも約400種類も存在しています。私たちは日常でも仕事でも家庭でも、そんな大量の言葉の中から、選び、組み合わせ、言い換えて、思いを伝えているのです。誰しもが「伝え方」を避けて通れませんが、ぴったりの言葉を的確に選ぶのはそう簡単ではありません。

例えば、部下に仕事を頼みたいとき。あなたならなんと伝えるでしょうか。

「これやっといて」という伝え方はどうでしょう。

ぶっきらぼうで、ちょっと上から目線な印象がありますよね。

では、「この仕事、お願いね」という伝え方を選んだとしましょう。

悪意がこもっている、と感じる人はまずいないでしょう。むしろ、端的に話すことで、話の長いやつだと思われないように工夫しているとか、偉そうな物言いにならないように語尾に配慮しているとか、そうした気配りを感じ取るかもしれません。笑顔を添えてあげれば、何の問題もないように見えます。

でも実はこれ、「損する伝え方」なのです。知らず知らずのうちに使ってしまいがちな、**もったいない言い方**なのです。

なぜなら、「この仕事、お願いね」という伝え方は、相手にやってほしいという意思をそのまま表現しているだけだからです。要は単刀直入な伝え方。無駄はないかもしれませんが、伸び代もありません。言われることでほんの少しでも心の中にポジティブな変化が生まれ、行動が変わる。そんな伝え方を「得する伝え方」とするならば、事実を口にしただけの伝え方は「損をしている」と言えるのです。

こんなとき、例えば「君の力を貸してほしい」と言い換えてみましょう。自分の力が頼りにされているのだという印象が加わり、**ポジティブな読後感**が生まれます。仕事を頼んでくれたのも、時間がありそうだったからとか頼みやすそうだったからとかではなく、スキルを期待してのことなのだと想像する余白があります。お願いしたいことは何も変わっていません。それでも、伝え方一つで変化を生み出すことができます。

私は広告会社に新卒として入社して以来、**コピーライター**として仕事をしてきました。気がつけばもう13年目になります。時には広告という形で、時にはサービスそのものとして、言葉やメッセージを世の中に発信してきたわけですが、どういう「伝え方」であれば相手に届くのか試行錯誤し続けた日々と言えます。

言葉をきっかけに物事を動かすチャンスは、あなたの周りに数えきれないほど潜んでいます。何かを伝えるという機会は、日常生活においてそれほどたくさんあるからです。ここに小さな変化が積み重なったとしたら、やがて人間関係や評価、キャリアにおいて大きな違いが生まれるのです。

■「伝え方」なら、今すぐ変えられる

この本は、パッと開いてすぐ読める、ガイドブックのような一冊になっています。それも、あなたの日常のコミュニケーションを根本から変えるためのガイドブックです。

昨今、書店には「伝え方」に関する本がたくさんあります。その中でもこの本はす

ぐ読めてすぐ使える、**速攻性**と**即効性**にこだわっています。なぜなら、「伝え方」は、誰でもいつでもどこででも、変えることができるからです。特別な訓練も、長期間の学習もいりません。コストもかかりません。時間をかけて思考法を学び、事例を知り、さあ実践だというところで忙しくなって挫折してしまう。そんなこともありません。

何かを誰かに伝えない日は、ほとんどないでしょう。あなたが発した言葉は、相手の中に積み重なっていきます。だからこそ、これから先の未来ではなく、今すぐに役に立つことを本書では大切にしました。

もちろん、言い換えの紹介だけでは応用が利きません。「伝え方」によって相手に与える印象を劇的に変え、望む結果を引き寄せるためには**3つの原則**があります。直面するコミュニケーションのさまざまな課題について、対処するための具体的な考え方です。

例えば、同僚への「お願い」。顧客への「提案」や「説得・交渉」はもちろん、なかなか伝えづらい「断り方」や「注意・叱り方」まで、言葉のチョイスは重要です。

言葉は単なる音の連なりではなく、私たちの感情、行動、そして人生を形作るツールです。言葉をきっかけに、あなたが新しい一歩を踏み出す一助となれば幸いです。

#【目次】 伝え方で損する人 得する人

■はじめに 003
「損する伝え方」のほとんどは「良かれと思って」生まれる 005
「伝え方」なら、今すぐ変えられる 007

序章 「ノー」を言われないための「損しない伝え方」 021

■【原則①】「プラスな未来」or「マイナスな未来」を見せる 024
基本中の基本は「返報性の原理」 025
未来を共有することで、お互いの利害や狙いを共有する 027

■【原則②】「言い方」と一緒に「自尊心」も満たす 029
自尊心は、心の奥底ではなく「入口」にある 030
傷つけないだけでは、良い変化は生まれない 032
探るヒントは、相手のアウトプットにある 033

■【原則③】「小さなハードル」を示す 035
相手の動き出しを左右するのは、ハードルの大きさ 036
越えられそうなハードルを提案せよ 037

第1章 「お願い」で損する人 得する人 041

■本章の概要

やってもらって当たり前のお願いは、この世に存在しない 042

「等価交換マインド」で、相手にポジティブなパスを 043

必要なのは、センスのいい言葉より馴染みのいい言葉 045

①【損】この仕事お願いできる？↓【得】君の力を貸してほしい 046

②【損】急ぎでやってほしい↓【得】会議に間に合わせたいので15時までにできますか？ 048

③【損】レポート期限を延長してください↓【得】時間をいただければ、このレベルまで磨き込めます 050

④【損】では意見をお願いします↓【得】まずは良い点から挙げていきましょう 052

⑤【損】柔軟に対応してもらえますか？↓【得】こうしてくれると、こんなに助かります 054

⑥【損】添付資料のご確認をお願いします↓【得】見ていただきたいポイントは次の3つです 056

⑦【損】お時間をください↓【得】5分もらえますか？ 058

⑧【損】しっかりやってくださいね↓【得】プロにお願いできて嬉しいです 060

第2章 「提案」で損する人 得する人 063

■本章の概要

提案という名の「押し付け」に要注意 064
提案を受ける側は、決断に疲れていると仮定する 065
小さな決断なくして、大きな決断は起こりえない 066
①【損】この企画は絶対に成功します↓【得】我々はこんな未来を思い描いています 068
②【損】弊社なら御社の課題を解決できます↓【得】○○のことなら、お任せください 070
③【損】御社の課題は何ですか？↓【得】今期注力するのはやはり成長領域への投資ですか？ 072
④【損】今すぐ着手すべきです↓【得】遅れるとこれだけコストが増加します 074
⑤【損】ご検討をお願いします↓【得】ご質問があれば、すぐお答えします 076
⑥【損】○○という手法がおすすめです↓【得】成功事例を分析したところ、○○がポイントです 078
⑦【損】それはやめた方がいいです↓【得】最悪の場合、こうなります 080
⑧【損】かなりのコストダウンです↓【得】合計で10人月の工数削減に匹敵します 082

第3章 「説得・交渉」で損する人 得する人

085

■本章の概要

アクセルとブレーキのバランスが全て 086

伝える前に、相手の「要求」ではなく背後の「関心事」を理解する 087
「言い換え」と「質問」で相手の行動を変える 088
「質問」で相手の行動を自然に引き出す 092
①【損】コストダウンは難しいです↓【得】最悪の場合、こうしたリスクがあります 094
②【損】まずはご挨拶だけでも↓【得】最新事例をご紹介させてください 096
③【損】提案のお時間をください↓【得】今のプランにご不満はございますか？ 098
④【損】新サービスをぜひお試しください↓【得】新しいソリューションに興味はおありですか？ 100
⑤【損】値引きしてほしい↓【得】この予算内でできることを一緒に考えたい 102
⑥【損】こちらの事情で恐縮ですが↓【得】正直にお話ししますと 104
⑦【損】ぜひ引き受けてほしい↓【得】誰が適任か悩み抜いた上で、あなたに引き受けてほしい 106
⑧【損】契約期間は半年からです↓【得】半年間の継続運用とサポートが可能です 108
⑨【損】なんとかなりませんか？↓【得】解決する方法はありませんか？ 110

第4章「お誘い」で損する人 得する人

113

■本章の概要

相手が返事に困らないよう、誘うのではなく「提案」する 114
メッセージを強くする3つのポイント 115

①【損】デートしませんか？↓【得】チケットがあるんだけど行ってみない？ 118
②【損】お昼の時間、空いてますか？↓【得】人気のあの店、ランチなら安いんです 120
③【損】今日の飲み会来ない？↓【得】ぜひ話してみたいんだけど、今日空いてる？ 122
④【損】いつ空いてますか？↓【得】私はこの日とこの日が空いています 124
⑤【損】また誘ってください↓【得】次は私からお誘いしますね 126
⑥【損】せっかくだからみんなで行こう↓【得】大勢の方が楽しいですから 128
⑦【損】○○さんのために予約しました↓【得】○○さんにぜひ食べてほしいんです 130
⑧【損】もっとお話を聞かせてください↓【得】ぜひ情報交換させてください 132

第5章「断り方」で損する人 得する人 135

■本章の概要
背景をきちんと伝える。でないと勝手に妄想される 136
まず具体化することから始めてみる 137
無理して起こる「ネガティブな未来」を想像させよう 139
どうしても難しい場合は強調か交渉を選ぶ 140
①【損】それは無理です↓【得】ここまでなら可能です 142
②【損】今忙しいんです↓【得】今週は時間が取れませんが、来週以降でしたら 144

③【損】会社のルールでできません↓【得】社の方針で、ご迷惑をかけてしまいます　146
④【損】リソースが足りていません↓【得】0.1人月も割けないですが、いいですか？　148
⑤【損】時間が足りません↓【得】このスケジュールだと、〇〇までが限界です　150
⑥【損】今は結論が出せません↓【得】いったん状況を整理させてください　152
⑦【損】ここがダメだと思います↓【得】対応するべきリスクがありますよね？　154

第6章「マイナス意見・ダメ出し」で損する人 得する人　157

■本章の概要
ダメ出しは、お互いのポジティブな未来のためにある　158
一方通行ではなく、双方向で伝える　159
①【損】納得できません↓【得】もう少しだけ、こだわらせてください　162
②【損】ずっと気になってたんだけど↓【得】耳が痛いかもしれないけど、今言わせてね　164
③【損】根本から考え直してほしい↓【得】そもそも何のために始めたんだっけ？　166
④【損】悔しくないのか？↓【得】ゴールを決めよう　168
⑤【損】今回の対応は良くなかったです↓【得】次回に期待しています　170
⑥【損】意見してもいいですか？↓【得】ちょっと違う考え方をしてもいいですか？　172
⑦【損】それは違うと思います↓【得】企画を深めるために、あえて反対のことを言いますね　174

⑧【損】もう少し具体的な指示をください↓【得】例えば、こういうことですか？ 176

第7章「注意・叱り方」で損する人 得する人 179

■本章の概要
感情的に叱ることは、百害あって一利なし 180
注意とは、ポジティブな未来に足りないピースを指摘すること 182
①【損】もっと気をつけて↓【得】次からこうするともっと良くなる 184
②【損】なんでできないの？↓【得】できる方法を一緒に考えよう 186
③【損】また同じミスしてるよ↓【得】前回と今回で変えたところは何？ 188
④【損】君にはまだ早い↓【得】高い目標だから、課題を整理してほしい 190
⑤【損】なんでそんなことするの？↓【得】いつもの◯◯さんと違いますね 192
⑥【損】頑張ってはいるんだけど↓【得】次回はここに取り組んでみましょう 194
⑦【損】注意力が足りない↓【得】数字はダブルチェックしましょう 196
⑧【損】ここが失敗の原因です↓【得】こうすると良かったと思う点はありますか？ 198
⑨【損】夜遅くまでうるさいです↓【得】明日、朝早いんです 200

第8章 「報告・相談」で損する人 得する人

203

■本章の概要

報告も連絡も相談も、全ては3つの目的に集約される　204

報告も相談も、まず目的を伝えてから　206

ひと手間かける「下ごしらえ」で一気にスムーズになる　207

①【損】相談させてください↓【得】◯◯さんのアドバイスをいただきたいです　212

②【損】困ったら相談してね↓【得】相談するか迷ったら相談してね　214

③【損】対策を話し合わせてください↓【得】作戦会議しましょう　216

④【損】前回もお伝えしましたが↓【得】前回の振り返りです　218

⑤【損】資料の確認をお願いします↓【得】確認ポイントを以下に抜粋いたしました　220

⑥【損】了解です↓【得】報告してくれてありがとう　222

⑦【損】このやり方を教えてください↓【得】◯◯さんならどう進めますか？　224

⑧【損】ぜひ意見をお願いします↓【得】……と私は考えておりますが、いかがでしょう？　226

⑨【損】どうしても困っているんです↓【得】一刻も早くご相談したくて　228

第9章「ほめ方」で損する人 得する人　231

■本章の概要

上から目線を防ぐため、賞賛ではなく感謝する　232
大人には、努力や能力をほめても効果が薄い　235
何度も伝える。本当に感じたことを、こまめに、何度でも。　236
①【損】よくできたね→【得】○○さんのおかげで助かりました　238
②【損】みんな優秀ですね→【得】みんなの丁寧な確認のおかげです　240
③【損】いつも頑張ってるよね→【得】○○さんがいてくれてよかった　242
④【損】さすがターゲットに近いだけあるね→【得】面白い切り口の分析だね　244
⑤【損】バッチリだね→【得】細かいところまでよく整理できてるね　246
⑥【損】君なら大丈夫→【得】君になら安心して任せられる　248
⑦【損】先輩のおかげです→【得】先輩のそういうところ、見習わせてください　250
⑧【損】お若いですね→【得】○○さんみたいな大人になりたいです　252
⑨【損】似合っていますね→【得】いつもおしゃれですよね　254
⑩【損】やればできるじゃないか→【得】いざというとき、本当に頼りになる　256

第10章 「励まし方」で損する人 得する人

259

■本章の概要

悩みは、次へつながるポジティブなステップ 260
励ますことは、聴くことから始まる 261
共感はする。同調はしない 263
ものの見方を変える手伝いをする 264
①【損】何かあったなら話聞くよ↓【得】何かあったでしょ？ 266
②【損】なんでも話してみてよ↓【得】ぜひ聞かせてほしいんだ 268
③【損】頑張って↓【得】いつも頑張っているもんね 270
④【損】あきらめるな↓【得】次のゴールまであと少し 272
⑤【損】普通にやればできるよ↓【得】いつも通りで大丈夫 274
⑥【損】新しい部署でも頑張って↓【得】すごくいい人事だと思う 276
⑦【損】やる気出しなよ↓【得】そもそも、始めた時は何が楽しかった？ 278
⑧【損】失敗してもいいんだよ↓【得】今までにない経験をしてみよう 280

第11章 「謝り方」で損する人 得する人

283

■本章の概要

ゴールは、問題解決よりも人間関係の修復 284

ダメな謝り方の4パターン 286

謝るとは、認める・ねぎらう・誠意を示すこと 287

①【損】精一杯、努力したのですが→【得】努力が足りず申し訳ございませんでした 290

②【損】不幸中の幸いですが→【得】次のような影響が想定されます 292

③【損】うちの部下が失礼しました→【得】私の責任です 294

④【損】原因は不明です→【得】原因は調査中です 296

⑤【損】お詫び申し上げます→【得】お詫びのため、本日お時間をいただけますでしょうか？ 298

⑥【損】ちょっとご報告がございます→【得】お叱りを覚悟で、お伝えしたいことがございます 300

⑦【損】検討いたします→【得】こういう対応をいたします 302

⑧【損】挽回のチャンスをください→【得】埋め合わせは必ずさせていただきます 304

第12章　一言を魅力的に見せる方法　307

■本章の概要

理想と現状のギャップを埋めてくれる言葉を、コピーと呼ぶ　308
言葉を生み出す4つのプロセス　310
描写より提案。抽象より具体。説明より発見　312
①【損】シンプル機能スマホ↓【得】電話が苦手な人のためのスマホ　316
②【損】歯科検診を受けましょう↓【得】一番痛くない治療は検診です　318
③【損】栄養満点ゼリー↓【得】スイーツにもサプリにもなるゼリー　320
④【損】探す手間を削減↓【得】仕事中の探しもの、平均週8時間　322
⑤【損】絶品のラーメンです↓【得】塩本来の「旨み」にこだわりました　324
⑥【損】新ルームウェア企画↓【得】好きな人にだけ見せる服　326
⑦【損】エグゼクティブ向けコーチング事業↓【得】経営者版ライザップ　328
⑧【損】路上設置型ワークブース↓【得】スキマオフィス　330

■おわりに

332

序章

「ノー」を言われないための「損しない伝え方」

「得する伝え方」ならば、人生の何気ないやり取りから決めどころまで、いつものコミュニケーションがクリティカルヒットに生まれ変わります。

一方で、それを出し続けるためには基本となる原則まで知っておくことが重要です。予期せぬ場面に出くわしても、その場面における「得する伝え方」を考えるヒントになるからです。

もう一つ大事なメリットがあります。先ほど、**「損する伝え方」の多くは良かれと思って生まれている**とお話ししました。伝える場面があまりに多すぎるので、気づかぬうちに無意識にまずい伝え方を繰り返してしまっていることがほとんどです。原則を知っておけば、それはあなたの伝え方を見直すチェックリストになります。

「ことばとビジョンとの総合」

1963年、日本で初めて、その年の優れた広告コピーをまとめた『コピー年鑑』が発行されました。これは、その中でどういうコピーが優れているのかについて記した一文です。半世紀以上も前に書かれた言葉とは思えないくらい、今に通ずる視点です。

言葉は、それ単体ではその言葉の持つ意味しかありません。業務で忙しいからといって、「忙しいから手伝って」と伝えるのではあまりにストレートすぎるのです。忙しいのは伝わるし、手伝ってほしいことも分かります。実際、この伝え方で手伝ってくれることもあるでしょう。

ですが本書で目指す「得する伝え方」は、言われた方の気持ちが動き、思わずやりたくなるような伝え方です。ただ事実を伝えるだけでは、言われた方が「よし、ここは一つ気合を入れてしっかりサポートしよう」とか「ぜひ他に手伝えることはないだろうか」と前向きになることはありません。

言葉にビジョンが加わることで、「伝わる言葉」になるのです。ただの「伝え方」を「得する伝え方」に進化させるには、３つの原則があります。

原則 1

「プラスな未来」or「マイナスな未来」を見せる

■基本中の基本は「返報性の原理」

人は、相手に何かをしてもらうと、お返ししなくてはいけないと感じてしまいます。

これは有名な用語で「返報性の原理」と呼ばれています。

この原理が初めて発表されたのは1989年。スーパーの試食や、新商品のサンプリング、無料のセミナーなどビジネスの幅広い場面で活用されていますから、ご存じの方はもちろん、実体験のある方も多いと思います。ギブ・アンド・テイクと覚えてもよいでしょう。

あなたが何かを伝える。それによって相手は「お返し」という形で何か行動を取りたくなる。このシンプルな構図が、伝え方における原点にして王道なのです。

ですが、これがなかなか難しい。あなたが単純にやってほしいことを伝えるだけでは、相手が「してもらった」と感じることはありません。

ですが、あなたが思い描いている**プラスな未来**を伝えることで、相手にとっては「これから起こる未来の中の良い選択肢を教えてもらった」という心情の変化が生まれます。その結果、そこへ向かいたいという感情が芽吹き、行動へとつながっていくのです。

例えば、ポジティブな未来を見せることが効果的なのはこんな場面です。

・提案を採用してほしいとき
・仕事をやってほしいとき
・説得するとき
・反省を伝えるとき
・ダメ出しするとき
・励ますとき

ポイントとしては、**「お互いがプラスの方向へ進みたいとき」**。他にも、こちらが伝えにくいことがある場合や、相手にとって一長一短がある場合など、「少しだけマイナスな側面があること」を伝えるときほど、ポジティブな未来を意識させることです。そもそもポジティブな提案をさらにポジティブな未来で伝えると、どうしても都合の良いことばかり言われているような気がして、胡散臭く感じてしまいますから。

他にも、励ましたい相手が「自分なんて未熟なので」といった具合にマイナスの自己否定をしている場合も、ポジティブな未来を伝えることが役立ちます。**「自己否定の否定」**は相手の感情を前向きに変え、自信をもたらすことにつながります。

未来を共有することで、お互いの利害や狙いを共有する

返報性の原理には、あまり知られていない特性があります。**それは、好意を受け取ると好意を返したくなる一方で、敵意を向けられると同じように敵意のある態度を取ってしまうというものです。**他にも、譲歩を示せばついつい条件を緩めたくなりますし、自己開示を行うと、された側も自らの心を開きたくなります。

ですから「こういうことは避けたいな」という状況にあなたがいるのなら、ポジティブな未来を描くだけではなく、**マイナスな未来**を伝えることも大事です。すると相手にはその状況を避けたいという気持ちが生まれ、結果としてあなたと同じようにその未来を避けるための行動を検討するようになります。

効果的なのは次のような場面です。

・断りたいとき
・改善してほしいとき
・指導するとき
・交渉したいとき

相手はプラスに感じているようだが、こちらは困っている……。相手は特に気にしていないようだが、どうしても伝えたい……。そんな**「プラスとマイナスが一致していないとき」**ほど、ネガティブな未来を示すことは効果的です。あなたの置かれた状況を相手が想像できるようになり、お互いの利害がようやく出揃います。もしあなたが「察してほしいな」と思うことがあるのなら、それは相手の察しが悪いのではなく、あなたの抱えている事情を相手に伝えられていないのが原因です。

ぜひ、未来を使い分け、言葉にして相手に伝えるようにしてみましょう。

原則
2

「言い方」と一緒に「自尊心」も満たす

■自尊心は、心の奥底ではなく「入口」にある

広告会社に勤めていた頃、競合プレゼンというものがありました。一つの案件に対して、複数の会社やチームがそれぞれ提案し、より良い戦略やキャンペーン設計を選ぶというものです。コピーライターとして仕事をしていると、こうした「勝ち負けのあるプレゼン」というものに、多いときでは年に10回以上参加することになります。

私は以前から、「良い提案とはどういうものか」という質問を社内の先輩だけでなく、同業他社、時にはクライアントにも質問していました。どうしても事業環境や案件の性質が異なりますので、回答はさまざま。内容だけでしか選べないという人もいれば、事業理解が鍵だとおっしゃる人もいる。結局最後は人間性にしか差は出ないと言い切る人だっている。これといったポイントはなかなか見つかりません。

ですが「ダメな提案」について話を聞くと、面白いほどに共通点がありました。その一つが、**「最初でつまずいたら終わり」**というもの。例えば聞く側にとっては、序盤

でズレを感じてしまうもの。提案する側にとっては、最初の考え方を説明しているパートでクライアントにイマイチ刺さっていないもの。こうした提案が終盤みるみる印象を覆して採用に至ることは、ほとんどないそうなのです。

伝え方について考えることは、相手への「伝わり方」を考えることです。相手が言葉を受け取り、どのように理解し、意味を解釈し、思考や想像を巡らす中で感情がどう変化し、行動へとつながっていくのか。その流れを考えると、**実は最も手前の入口にあるのが自尊心なのだと思います。**ここでつまずいてしまうと、その先の流れがスムーズにいくことはありません。

自尊心とはさまざまな言葉で言い換えられます。プライド、こだわり、信念、流儀、持論、成功体験。時には、未来への志向を表す欲求や願望となることも。つまりはその人が大切にしているものです。そうした強い個性が反映されやすい部分は最後の最後で効いてくるものと思うかもしれませんが、伝える場面においてはまずここを傷つけないことを最優先すべきなのです。

■傷つけないだけでは、良い変化は生まれない

一方で、傷つけないことだけを優先して慎重に振る舞うだけでもいけません。そうした状態は必要以上の遠慮を生んでしまい、何も伝えられなくなってしまいます。伝えられたとしても、遠回しな言い方になってうまくこちらの意図をメッセージに込められなくなったりもします。

ポイントは、**自尊心を一緒に満たす**という心がけです。もしあなたが、自分がやらなければならないことを相手に全部させてしまおうと考えているのなら、その思考は今すぐ捨ててください。

相手がコストにこだわっているのなら、コストパフォーマンスに優れたプランを一緒に考えていく。家族と過ごす時間を大切にするワークライフバランスが仕事における信念なのであれば、その信念に沿ってあなたも働き方を変えてみる。あなたがその気になって初めて、相手もやる気になるのです。相手が胸に秘める自尊心を想像し、それをまるで自分のことのように捉え直してみる。**あなたの自尊心を押し付けるわけで**

も、相手の自尊心を神のごとく扱い、傷一つつけないように振る舞うわけでもないのです。

探るヒントは、相手のアウトプットにある

その人がどんな自尊心を持っているのかなんて、カウンセラーでもないのに分かるわけがない。そう感じるあなたは、まずその相手のアウトプットをいくつか集めてみてください。

資料、文書、メール、プレゼンテーションの際のトーク、フィードバック、会議での議論の進め方、議事録、社内外メディアでの記事、なんでも構いません。いくつか並べてみることが大切です。

仕事における自尊心とは、その人が特に大切に思っている価値観ですから、必ずアウトプットのどこかに表れてきます。データをもとに議論をするタイプなら、その人は自らの感覚よりユーザーのリアルを重視しているのかもしれません。資料の最初で案件の全体像に必ず触れる人は、細かい部分を曖昧にせず、俯瞰した視野で全体を整理しながら進めることが仕事の流儀なのかもしれません。チームワークのために一人

ひとりのモチベーションを何より大切にしている人なら、普段のやりとりの端々にその優しさがにじみ出ているかもしれません。

同じ職場など、距離が近ければ質問してみるのも手です。急に聞かれる「あなたの自尊心はどこからきていますか」という質問ほど驚かれるものはありませんから、「あのプロジェクトで、重視したポイントは何だったのですか?」「最終段階でA案とB案があったと思いますが、決め手はどこでしたか?」といった形で具体的な事例を交えながら質問すると、相手も答えやすいでしょう。**自尊心とはその人が大切にしているもの**ですから、難しい仕事や悩ましい状況のときほど表れやすいはずです。ぜひ積極的に尋ねてみましょう。

原則 3

「小さなハードル」を示す

■相手の動き出しを左右するのは、ハードルの大きさ

友人が運動不足を気にしている。そんなとき、「毎日10km走ろう」とアドバイスしたら、相手はやる気を出して毎日走るようになるでしょうか。

人には、手に入れることよりも損失を大きく感じてしまう**「損失回避性」**という心理作用があります。健康のためには運動を始めた方がよいに決まっていても、今までと異なる行動をすることで生活リズムが崩れるかもしれない。すぐ飽きてせっかくのジム代が無駄になるかもしれない。そんな自らに降りかかる損失を、得るものより大きく受けとめてしまうのです。

あなたが何かを伝え、相手の中に行動の選択肢を生み出し、共に一歩踏み出したいのなら、ハードルの高さは常にチェックすべきです。高すぎるハードルは、やる気を出させるどころか、行動自体にストップをかける巨大なブレーキになってしまうからです。

自動車の販売台数で4年連続世界一となっているトヨタも、「工具を誰でも整理整頓しておけるような配置の見直し」といった小さな改善の積み重ねによって、世界に誇るトヨタ生産方式（TPS）を今日に至るまで進化させ続けています。

また、エリック・リースによって提唱された「リーン・スタートアップ」という方法論では、仮説を小さなステップに分けて高速で検証することが推奨されています。小さな学習を重ねることで、時間やコストを抑えられるわけです。大きな課題を大きなまま取り組むのではなく、小さく切り分けるというのがどれほど効果的か、お分かりいただけるでしょう。

越えられそうなハードルを提案せよ

「これならできるかも」と相手に思ってもらえたなら、それは間違いなく「得する伝え方」です。相手の背中を押すような選択肢を、あなたが提案できている証拠だからです。

千里の道も一歩から。**一歩目は、ほんの少しの歩幅でいいのです。**えっ、そんな簡単なことでホントにいいんですか？　と相手が思ってしまうくらいでちょうどいい。「議事録のクオリティを上げてくれ」ではなく、「スマホで会議をまるっと録音してみようか」。

「コストダウンしてくれ」ではなく、「この項目の費用をリストアップしてみよう」。そんな一歩目を提示することで、相手がなんなら拍子抜けさえしながら動いてくれる。当然、目指すゴールはまだ先ですから、さらに一歩踏み込んで次のハードルを一緒に設定していくことになるでしょう。それでも高いハードルを提示して動きがにぶることに比べれば、大きな大きな前進です。

相手が選べるよう、いくつかの選択肢を出すのもよいでしょう。選択の余地があることで、相手との対話が生まれます。繰り返しになりますが、低いハードルは第一歩です。どういう思いで、どんなハードルをネガティブに感じていて、どんなハードルなら前向きに感じてもらえるのか。対話によって得られる情報は、次のハードルを設定する際の大切なヒントになります。

特に、相手が決断しなければならない場面を考えてみましょう。一つに決めることが必要ではあるけれど、そもそも選択肢は一つしかない……これではただでさえ決断による負担が大きい中で、さらなるプレッシャーを強いてしまうことになります。複数の選択肢を用意することは、相手の手間を増やすのではなく、むしろ負担軽減につながります。

「今日中に資料の提出が間に合わないので、明日にさせてください」ではなく、「総括の3ページだけで良ければ、今日中に仕上げられます。もしくは全体を明日16時までに完成させるか、どちらがよいでしょうか」。

「新商品のためのデジタルキャンペーンをご提案させてください」ではなく、「最新事例のご紹介もできますし、御社の業界を専門としているアナリストをご紹介することも可能です」。

といった具合に、ゴールへ近づくためのステップを見渡し、一歩目となる小さなハードルを設定してみましょう。どうしても具体的なハードルを決められない場合は、いくつかの質問を用意して相手の中の判断基準やニーズを探ることです。

闇雲に選択肢を投げかけても、相手にとってメリットのあるものでなければ意味がありません。会話はキャッチボール。仕事はパス回し。やりとりを重ね、情報を積み上げ、ベストな選択肢を導き出していきましょう。

第1章

「お願い」で損する人 得する人

「本章の概要」

■やってもらって当たり前のお願いは、この世に存在しない

ここからは具体的なシーンごとに、伝え方を考えていきましょう。

最初は「お願い」です。職場でもプライベートでも日夜発生しているのがこの「お願い」でしょう。伝え方の基本中の基本ですから、あらゆる場面に応用していけるものです。

まず注意すべきなのは、マインドです。「仕事なんだから、頼み事はやってもらって当然だ」と心のどこかで思ってはいませんか？

何かを伝えるとき、言葉を選ぶのはあなた自身。こうした上から目線なマインドを

抱いていると、それは**顔や態度に出なくても言葉に出ます。**

もし本当にお互いが「やって当然」と思っているのなら、そもそもお願いなんて丁寧なステップを踏む必要はないはずです。やるべきタスクをそのまま共有すれば事足ります。

お願いしなければ、という状況にいる時点で、やってもらって当たり前という考え方は捨てましょう。

■「等価交換マインド」で、相手にポジティブなパスを

お願いによって相手が動いてくれれば、あなたはきっと嬉しいでしょう。例えばプロジェクトに協力してもらえたり、資料ができあがったり、時間がもらえたりとあなたにとって嬉しいリターンが返ってくるからです。

これはつまり、ギブ・アンド・テイクという観点で見れば、あなただけがテイクしている（受け取っている）状態です。**こんな不均衡な状態では、ただお願いしただけで相手のモチベーションが高まるはずがありません。**何度かは「仕事だから」としょ

うがなく引き受けてくれたとしても、長続きしません。

お願いする場面こそ、等価交換を意識しましょう。お願いする相手へ、自分も何か提供できないかを考えてみる。このほんのひと手間で、相手のモチベーションは大きく変わります。

お願いする代わりにこちらも別の仕事を担当する……ということではありません。これでは「私もやってるんだから、あなたもやってくれ」という無言の圧力でしかありません。

代わりに**提供するのは、フィードバックやアドバイス、目標といったものです。**いわば、ポジティブなパス。相手のスキルに対するポジティブなフィードバックであれば、仕事に対するモチベーションにつながります。短期的で具体的な目標であれば、スムーズなキックオフに役立つでしょう。中身が曖昧になりやすいお願いであれば、明確な目安を数字で伝えるのもいいでしょう。相手にとって、一気に想像しやすくなるはずです。

相手があなたのお願いに応えるとき、役に立ちそうなものは何でしょうか。ついついお願いすることで頭がいっぱいになってしまいやすいですが、ぜひ等価交換マインドでこちらから差し出せるものをしっかり準備しておきましょう。

■必要なのは、センスのいい言葉より馴染みのいい言葉

お願いするときには、センスや語彙力が求められるような小難しい言葉はそもそも必要ありません。毎日のように起きているわけですから、大事なのは、あなたが迷うことなく使えるような言葉を選ぶことです。

ペンでもカバンでも手帳でも、毎日使う仕事道具を選ぶとき、自分にしっくりくるかどうかは欠かせないポイントですよね？　慣れない言葉を使うことは、あなたにとって変なストレスになってしまいます。言葉もツール。無理な背伸びは不要ですよ。

[お願い]

1

誰も動いてくれない

損

この仕事お願いできる？

←

人が動いてくれる

得

君の力を貸してほしい

人が行動する、その少し手前を想像してみてください。そこにはさまざまなハードルが存在しています。何をやればいいのか分からない不安。物理的な時間のなさ。失敗への恐怖。これらを乗り越えるためのシンプルな方法は、「自分ならできる」と思えるような**自己効力感を高める**ことです。

「君の力を貸してほしい」、この言葉には、その人へのまぎれもない信頼が込められています。スキル、経験、視点。**その人だけの大切な武器を頼りにしているという敬意**が含まれています。こうしたポジティブな感情は、言葉を通じて相手へと確実に伝わっていくものです。

なぜあなたに頼んでいるのかを、しっかりと言葉にするのも良いでしょう。具体的に言及すると、相手もスムーズに「確かに私が適任かも」と思えるはずです。

気をつけていただきたいのは、思ってもいないことを口にすること。あなたがもし、「別にこの人である必要はないんだけど」と感じているのなら、そのときは本当に必要な他の方を探すか、あなた自身で対処してください。思ってもいないことを伝える、それは得する伝え方でも、損する伝え方でもなく、シンプルに嘘ですから。

［お願い］

2

誰も動いてくれない

損

急ぎでやってほしい

人が動いてくれる

得

会議に間に合わせたいので
15時までにできますか？

理由と具体的な目安を伝えましょう。その前提にあるのは、**相手の不安や疑問をこちらが取り除く**ということです。なぜなら、人は言葉になっていない部分、言葉の裏をつい探ってしまうものだからです。

「楽に稼げる仕事があるよ」と言われたら、あなたは言葉の通り受け取るでしょうか。言葉の裏にある真実や意図を、ついつい勝手に推測してしまうのではないでしょうか。

そう、言葉にしていないからこそ、悪い想像の余地が生まれてしまうのです。

相手に変な想像をさせてしまうのが曖昧ワード。実は、「急ぎで」といった**時間系**だけではありません。「**キレイに仕上げて**」「**いい感じにまとめて**」といった**品質系**もその代表格。「**できる範囲で大丈夫**」「**もう少し広いターゲット向けに**」といった**加減系**も要注意です。あなたの物差しと、相手の物差しは違います。明確にするだけで、相手へのポジティブなパスとなります。

さらに背景も伝えましょう。どうして急いでいるのかを言葉にすれば、相手はこちらの状況を想像することができます。社内打ち合わせのためなのか、それともお客様とお会いする正式な場に向けたものなのか。こうした背景が分かれば、相手にとってはどう動くべきなのかの目安ができます。

[お願い]

3

誰も動いてくれない

損

レポート期限を延長してください

人が動いてくれる

得

時間をいただければ、このレベルまで磨き込めます

相手にとってのポジティブな未来を見せる。これは特に、**ネガティブに見えるお願いに有効なアプローチです。**

「期限を延長してほしい」というお願いは、一見するとあなたにしかメリットがなさそうです。こういったタイプのお願いは、相手からすると自分本位に感じられやすく、負担だけが強く感じられてしまいやすいものなのです。

重要なのは、依頼する側の視点を補強することではありません。**受け取る側の視点こそが鍵です。**期限を延長することでどのような利益が生まれるのか？ どんな未来を回避することができるのか？ ここを具体的に示すと、自分本位だったお願いが両者にとってメリットのあるお願いへと変化するのです。

例えば、「時間をいただければ、このレベルまで磨き込めます」という伝え方なら、**相手にとってのメリット**にもなっています。これは、結果として相手がより高品質なレポートを受け取れることを約束しているからです。

ほんの少しだけ目線を工夫することで、相手にとってのメリットが伝わりやすくなります。特にビジネスの現場では、スピードはもちろん品質や成果物の完成度も重要視されます。相手の求めるものが時間と引き換えに手に入るのだと伝えましょう。

[お願い]

4

誰も動いてくれない

損

では意見をお願いします

人が動いてくれる

得

まずは良い点から挙げていきましょう

参加者が集まり、会議が始まる。そこに一つの提案が持ち込まれます。整理して、みんなで判断していかなければなりません。そんなとき、「ではみなさん、どうぞ意見を」と話を振ってしまうと、場が一瞬硬直することがあります。なぜでしょうか。

それは意見を求められていることが分かっていても、どんな意見が場にフィットするのか空気を読んでしまうからです。意見にはポジティブなものもネガティブなものもあります。**受け手次第なので、何を求められているのか考えてしまいます。**

そんなときは、**今「何を」「どうしたいのか」を明確にする**ことで、発言のハードルをより下げることができます。

例えば「まずは良い点から」という言い方で、相手は具体的な方向性に沿って意見を述べることができます。建設的なフィードバックから始めると、良い面に目を向けることになり場も和みます。

そして「挙げていきましょう」「整理しましょう」などと、**今からどういうフェーズが始まるのかを明確にします。**ブレストのように気軽にリストアップするのか、本当に重要な意見だけが必要なのか、先に結論の多数決を取りたいのか。この場はこれからこういうルールです、と宣言するイメージです。

［お願い］

5

誰も動いてくれない

損

柔軟に対応して
もらえますか？

←

人が動いてくれる

得

こうしてくれると、
こんなに助かります

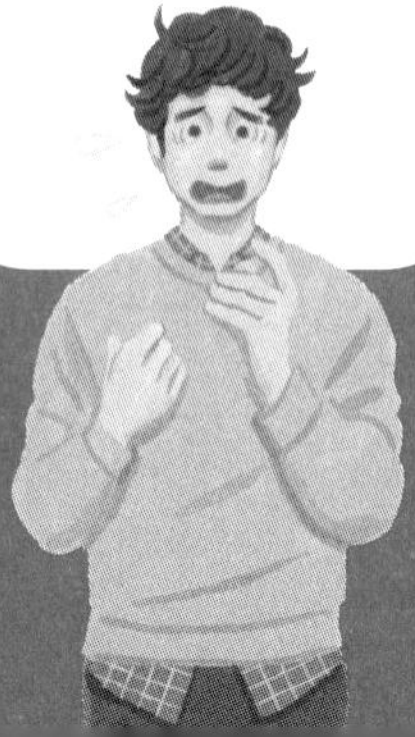

「柔軟に対応してもらえますか？」というフレーズは、どんな意味に受け取られてしまうでしょうか。言い換えてみましょう。「いい感じによろしく」です。

もし、このように自分が言われたとしたら戸惑ってしまいませんか。これはやはり、**「柔軟」という言葉が曖昧ワードだからです。**具体性に欠けるため、相手にとってはどの程度の対応が必要なのか分かりづらくなります。このような依頼は、相手に考える負担を強いるだけでなく、さじ加減の責任まで背負い込んだような気分にさせてしまいます。これでは、協力なんて見込めません。

「こうしてほしい」と**具体的な変更点**を伝えましょう。相手にとっても、その対応がどれだけ効果的であるか理解しやすくなります。具体的な利益や助けになるポイントを示すことで、相手も協力しやすくなります。

それだけだと、まだ一方的な命令です。**変更と相性がいいのは、結果です。**こんな結果が待っている、と伝えることで一気に変更するやりがいがはっきりしてきます。

例えば、プロジェクトの進行中にある工程の変更を依頼する場合、「この部分を変更してくれると、納期が短縮できてクライアントに早く報告できるんです」と伝えると、相手もその変更が全体に与えるポジティブな影響を理解しやすくなります。

［お願い］

6

誰も動いてくれない

損

添付資料の
ご確認をお願いします

人が動いてくれる

得

見ていただきたい
ポイントは次の３つです

「1往復減らすこと」をぜひ意識して伝えてみましょう。メールでも会話でも、「これ、どういうこと？」「実はですね……」という1往復は毎日頻繁に発生します。だからこそ減らすための工夫を惜しまない。積み重ねると結構な時間になるからです。

「添付資料のご確認をお願いします」というお願いは、とても丁寧に聞こえます。資料のすみずみまでチェックしてほしいのならよいでしょう。でも実際は、特に重要な部分が限られていることも多いはず。時間も有限です。実は前回も資料は見てもらっていて、チェックが必要な更新箇所は数ページだけだった……なんて目も当てられません。**漠然としたお願いは、相手の時間を奪いかねないのです。**確認すべきポイントを明確にすることで、相手の時間を奪うどころか、生み出すことができます。

「見ていただきたいポイントは次の3つです」「新たにデータが追加されました、13ページから20ページです」と具体的な範囲を添えることで、相手も内容を理解しやすくなり、迅速に対応してくれるでしょう。

該当範囲をメール本文に貼りつけたり、ポイント部分のスクリーンショットを添付したり、**確認しやすくするためのひと手間をかけること**もおすすめです。

[お願い]

7

誰も動いてくれない

損

お時間をください

↓

人が動いてくれる

得

5分もらえますか？

エレベーターピッチという言葉があります。エレベーターに乗り合わせたわずか数十秒で投資家にプレゼンをする。そんな日々を生き抜いてきたシリコンバレーの起業家によって2000年頃から広まった言葉です。時間を得ることの難しさを感じる一方で、わずかな時間でも大切にするという姿勢はぜひ見習いたいものです。あなたが必要とする時間は、数十秒でしょうか。それとも5分でしょうか。それを伏せて時間だけ求めるのは、相手のためになっているでしょうか。

「5分もらえますか?」と具体的な時間を提示することで、相手は**その時間枠で対応できるという安心感**を得ることができます。当然、お願いを受け入れるハードルは低くなります。15分必要なら、それを提示する。「それだったら後できちんと時間を作ろう」と、時間を取ることに前向きになってもらえることも。**時間を明示することは、相手に対する配慮を示すこと**でもあるのです。

例えば、会議前に上司に相談したいことがある場合、「会議前に5分だけお時間いただけますか?」と伝えると、目安がはっきりしているので相手はその時間を確保しやすくなります。ちょっとしたひと言で、心理的なハードルは大きく変わるのです。

[お願い]

8

誰も動いてくれない

損

しっかり
やってくださいね

←

人が動いてくれる

得

プロにお願いできて
嬉しいです

相手をやる気にさせようと、ハードルの高さをアピールする。もしくは冗談交じりに焚きつける。そんな伝え方は要注意。たいてい、逆効果です。ビジネスパートナーに用いるには不向きです。「しっかりやってくださいね」というお願いでは、相手に対する要求ばかりが強く感じられ、プレッシャーを与えるだけです。

「プロにお願いできて嬉しいです」と、**相手の専門性や能力を認め、その価値を尊重していることをきちんと示す。**パートナーシップはそうした丁寧な伝え方でしか育めないものです。マウントを取るのではなく、ポジティブなフィードバックをあらかじめ伝えましょう。リスペクトには、お金がかかりませんから。

広告の世界では、監督、カメラマン、フォトグラファーにプロデューサーなどたくさんのプロと関わります。自分が生まれた頃にはすでに働いていたような大先輩とやりとりすることも。いい現場ほど、互いが認め合って仕事をしています。そしてそれぞれの専門性で生み出す仕事をどんどんほめ合います。もちろんダメなところははっきり言います。依頼主だから、肩書きが偉いから、年齢が上だから、というのは関係ありません。**リスペクトが切磋琢磨できる環境を生み出すのです。**

第2章

「提案」で
損する人　得する人

「本章の概要」

■提案という名の「押し付け」に要注意

提案は、ビジネスの始まりです。新規プロジェクト、クライアント開拓、パートナー企業との新しいチャレンジ。社内・社外問わず、あらゆるビジネス活動は誰かの提案から始まっていると言えます。

しかし、提案がうまくいかないこともしばしばです。その原因の一つが、**提案ではなく押し付けになっている**ことです。

世の中には、さまざまな太鼓判があります。「絶対に成功する方法はこれだ」「この分野は必ず成長する」「ＳＮＳで話題」「売上ナンバーワン」などなど、どれだけ優れているかのアピールばかりが盛んです。こうした自己アピールが溢れかえっている中で美辞麗句によって提案しても、人はその通り受け取ってはくれないのです。

例えば、あるIT企業が新しいソフトウェアの導入をクライアントに提案するとします。よくあるミスは、「このソフトウェアは絶対に御社を成功に導きます」と押し付ける形の提案です。

しかし、これでは逆にクライアントの疑念を招いてしまいます。あなたの自信が伝われば伝わるほど、本当にそうなのだろうか？　と、検証ポイントを相手に増やしているだけなのです。

提案を受ける側は、決断に疲れていると仮定する

社会心理学者のロイ・F・バウマイスターによれば、「アイスをチョコにするかバニラにするか」という意思決定でさえ精神を消耗させるのだそう。これが**「決断疲れ」**です。

決断に必要な意思は筋肉のようなもので、使えば使うほどに疲れ、消耗していきま

す。しかも決断し続けていると、我慢できる時間も短くなっていくという恐ろしい話まで。それほどに、何かを選び決断するというのは負荷の大きい作業なのです。

例として、スティーブ・ジョブズのファッションスタイルも理にかなっています。「今日何を身に着けるかという選択に頭を使いたくなかったからだ」とインタビューでも答えていた通り、毎朝服を選ぶ決断さえ省けるよう、イッセイミヤケの黒のタートルネックとリーバイス501で揃えていたのですから。

あなたが提案の際に添える情報は、吟味に吟味を重ねるべきです。オーバーな表現で提案を立派に見せることではなく、相手の決断をサポートするために言葉を使いましょう。要素をどんどん盛り込んでいくのではなく、提案のアプローチを変え、分かりやすさと共感しやすさを大切にする。そんな心構えが重要です。

■小さな決断なくして、大きな決断は起こりえない

もう一つ大事なポイントがあります。**大きな決断の手前に、そこに続く小さな決断を積み重ねていくことです。**提案を受ける側は、決断という大きな負担を抱えていま

す。スムーズに進めるには、一貫した小さな決断を積み重ね、ゴールへと近づいていくことです。

『影響力の武器』の著者であるロバート・B・チャルディーニは、人が説得されやすくなるための原則を示しました。その中でも特に**「一貫性の原則」**は、よりよい提案のために一読の価値があります。

人には、一度決定したことに対して自らの行動を一貫させようとする心理が働きます。「現状の課題は何ですか」と聞かれて「施策の費用対効果が低い」と答えたとします。すると、その場で費用対効果に優れたプランを提案されると、その案の長所が一層際立って見えてくるのです。

いきなり提案に対して決断を仰ぐのではなく、その手前で小さなハードルを越えていく。提案の全体まるごと決めてもらおうとせず、気に入った部分を選んでもらったり、もし実施するとなったら心配になる部分をピックアップしてもらったりする。一見すると手間を増やしているだけのようなこのプロセスが、実はゴールへの近道なのです。

［提案］

1

誰も動いてくれない

損

この企画は絶対に成功します

←

人が動いてくれる

得

我々はこんな未来を思い描いています

押し付けは、たいてい反発を招きます。押さえ付けたボールが大きく跳ねるようなものです。「この企画は絶対に成功します」という伝え方では、**「絶対」**という言葉が、まず間違いない！というあなたの主観の押し付けになっています。他には**「１００％」「ベスト」「最高の」「この案以外ない」**などもそうです。これらを**大袈裟ワード**と呼んでいます。そもそも、成功を保証することは非常に難しいものです。

「絶対は絶対にない」という言葉を遺したのは織田信長ですが、リーダーならどこかの場面で断定的な大袈裟ワードを用い、メンバーを鼓舞する必要があるかもしれません。ですが今は提案です。**相手が本当に大切な決断に集中できるよう、こちらはアシストする立場**です。そこで、「我々はこんな未来を思い描いています」と未来像を共有することで、聞き手と共通のビジョンを築くことができます。

具体的なビジョンを示すことができれば、提案する人とされる人が同じ未来を共有することができます。同じ方向を目指す仲間となるのです。悩みを共有する手もあります。「ここが何よりの課題ですよね」という危機感もまた、チームを仲間にする強力な絆となるのです。

［提案］

2

誰も動いてくれない

損

弊社なら御社の課題を
解決できます

人が動いてくれる

得

○○のことなら、
お任せください

「記憶に残る幕の内弁当はない」。作詞家でヒットプロデューサーでもある秋元康さんの言葉です。幕の内弁当は、いろんなおかずが入っていて、見た目も華やかで、幅広い世代に愛されています。でも、これだという目玉がなく、違いが印象に残らず、結果、記憶にも残りにくい。

仕事では、何でも屋と思われるべきではありません。提案は、仕事の始まりです。何でもやります、どんな課題にも対応します。これを言えるのは実績をコツコツと積み重ねた匠のような存在だけの特権です。特に初めてのクライアントへの提案などでは、まだ実績がありませんから、いまいち信頼されなくなってしまいます。**特定の分野や手法、業界などにフォーカスすることで専門性をしっかりと伝えましょう。**

ただし、特化すれば何でもいい、というわけではありません。相手の課題に対して、**実現に必要なスキルと、こちらの武器がしっかり一致する部分を具体的に提示します。**例えば、「弊社はデータ分析に強みを持っていますので、御社のマーケティング戦略の最適化に貢献できます」といった具合です。もし相手の課題を絞れない場合は、（企業相手に限定されますが）プレスリリースを調べることです。直近にどういった領域にどう取り組んでいるのかが端的に分かるからです。

［提案］

3

誰も動いてくれない

損

御社の課題は何ですか？

人が動いてくれる

得

今期注力するのはやはり成長領域への投資ですか？

質問ほど、伝え方で大きく変わるものはありません。安斎勇樹さん・塩瀬隆之さんの著書『問いのデザイン』によれば、**問いは、「思考と感情を刺激する」**という性質を持ちます。うまく問いかけることができれば、相手の思考が一気に動き出し、感情もガラッと変わりうるのです。

こんな事例が紹介されています。動物園での子ども向けワークショップで、彼らが動物を積極的に観察したくなるような問いかけをあれこれ検討していたときのことです。その中でも明らかに参加した親子の対話が劇的に変わったのが、「ゾウの鼻くそはどこに溜まるの？」でした。

損する伝え方には、質問ではあるものの、一から十まで教えてもらおうという受け身の姿勢が強く出ています。そうではなく、**仮説をぶつけることで相手の思考を刺激**してこそ良い問いかけです。

漠然と問うのではなく「昨今の物価高でコスト削減は重要かと思いますが、特に気掛かりなコストは何でしょうか？」など、仮説をぶつけてみましょう。正しくても間違っていても、**相手の返答がニーズや課題を的確に把握する手助け**となってくれますから。

［提案］

4

誰も動いてくれない

損

今すぐ着手すべきです

人が動いてくれる

得

遅れるとこれだけコストが増加します

マイナスの未来をきちんと提示する。一見、提案の場では逆効果に見えます。ですが、**提案をジャッジするためには利点と欠点の両方を見ることが不可欠**なはず。

どうしても提案の場では、良い面ばかりを強調しがちです。ですが、必要な情報を提供するという意味でも、損を伝えることで提案のメリットを強調することができます。

人は得をすることよりも損を避けたいという「損失回避性」があります。ノーベル経済学賞を受賞した心理学者のカーネマン氏とトベルスキー氏は、同じ額の利得を得るときの喜びに比べて、損失を被る悲しみは2倍であると述べています。失うことへの恐怖は、それほど大きいのです。

例えば、「今月中に導入すれば、年間コストを20％削減できますが、遅れると来月からの繁忙期に間に合いません」といった未来を知ると、早期の行動の重要性がより強く伝わります。

導入の価値だけでなく、**導入しないときに失われる価値**も訴える。スイッチを切り替えるように、プラスとマイナスの切り口を自由に伝えられるように意識してみましょう。

［提案］

5

誰も動いてくれない

損

ご検討をお願いします

←

人が動いてくれる

得

ご質問があれば、すぐお答えします

連綿と続くコピーライティングの世界には、心構えを教えてくれる有名な格言が数多くあります。その一つが**「描写するのではなく解決する」**。東京コピーライターズクラブの会長を務める、谷山雅計さんの言葉です。描写とは、普通に知られている事実をそのまま言葉にすることです。炭酸がシュワッとしていることは、いくら立派な表現で言い換えても、当たり前のこと。相手の行動が変わることはありません。

提案と検討は、切っても切れないものです。なんなら提案の最中から、聞く側は検討し始めています。ですから「何卒ご検討を」とわざわざ伝えても、新しい情報がそこにはないのです。**相手のメリットになるような付加価値**を乗せましょう。

「検討に必要な材料があれば、すぐ取り寄せますので」などウェルカムな姿勢をお伝えすることは相手の安心感につながります。「ご懸念はコストでしょうか。もう少し細かい見積もりは必要ですか」と先回りしてアクションを提示するのも、相手からすればとても頼もしく感じられるものです。

とある営業の先輩は、担当の方にスッと近づき、「そういえば電話番号はお伝えしてましたっけ」と切り出し、いつでもお電話くださいと伝えていました。検討する際の心理的ハードルを下げるキラーフレーズでした。

[提案]

6

誰も動いてくれない

損

◯◯という手法が
おすすめです

人が動いてくれる

得

成功事例を
分析したところ、
◯◯がポイントです

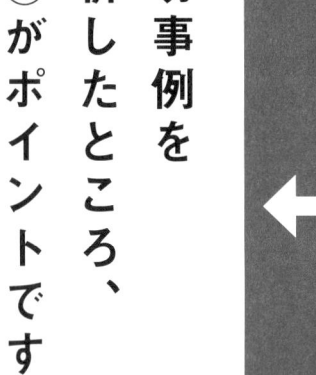

説得力を強くするヒントは、あなたの思考だけでなく、その外にもあります。**考え抜くことと同じくらい、調べ抜く**ということです。

元ヤフー社長である小澤隆生さんは次のようなポストをしています。調べたい領域の上位10事例をリストアップ。上位から3つの事例を見て、そこから成功のための仮説をつくる。その仮説があてはまるかどうか残りの7つの事例を調べる。

「自らの仮説を、客観的な事実で補強」するのです。これは単に伝え方だけの話ではありません。提案そのものを磨いていく、大きなヒントだと思います。隠れた法則を見つけるきっかけにもなるし、競合との自社比較にもなるし、良いことずくめです。

例えば、「弊社のクライアントでは、この手法を採用したことで売上が平均30％増加しました」と具体的な数字を示すだけでも見え方は全く違います。そうした事例の中から、鍵となるポイントを見つけ出せればなお良しです。

リサーチの対象は、成功事例だけである必要はありません。失敗してしまった事例を反面教師にすることもできますし、あえてライバル社の事例を中心に見ていくことで自社の差別化ポイントに気づけるかもしれません。

［提案］

7

誰も動いてくれない

損

それはやめた方がいいです

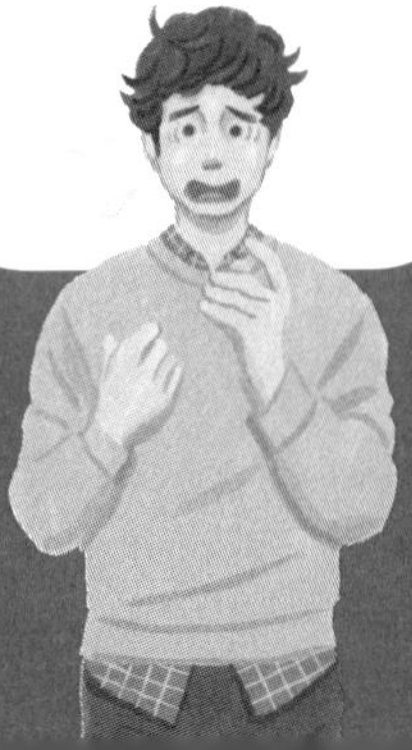

人が動いてくれる

得

最悪の場合、こうなります

しにくいですよね、否定。相手の意向や決断に対し、それはやめた方がいいと指摘するのは提案において健全なやりとりですが、そうと分かっていてもやはり伝えにくいものです。

それに、**否定から入ってしまうと相手に拒否感を与えてしまう**だけでなく、意見交換の場がディベートの場になってしまいます。賛成派と反対派の議論になってしまうと、同じ方向へ連携するはずのワンチームが、対立関係になってしまいます。

相手が建設的に検討するための材料を提供する。漁師が料理人の求める魚を届けるように、判断に役立つ材料をお渡しする。どうしても言いにくいでしょうから、「最悪の場合」や「考えたくもないことですが」といった前置きでワンクッション挟むのもよいでしょう。

具体的なリスクは、実は前向きな判断の材料になります。判断材料が増えると、思考は変わっていきます。相手が提案に後ろ向きなら、マイナスの未来を。前向きだけどまだ踏み切れないときは、ポジティブな未来のいくつかの選択肢を伝える。判断のための参考材料をどんどんパスしていきましょう。

[提案]

8

誰も動いてくれない

損

かなりの
コストダウンです

人が動いてくれる

得

合計で10人月の
工数削減に匹敵します

2001年、音楽の歴史を変えるプロダクトが発表されました。iPodです。デザインや機能もさることながら、あの新しい体験をユーザーにくっきりと鮮明に伝えるコピーもまた素晴らしいものでした。"1,000 songs in your pocket"（ポケットに1000曲）というメッセージは、今までにないライフスタイルを端的に表現しています。

数字には、魔力があります。よく「数字は嘘をつかないが、嘘つきは数字を使う」と言いますが、数字には特有の説得力があります。ですが、数字を使うだけでは得する伝え方とは言えません。数字には、**想像できるモチーフを組み合わせる**と盤石です。4万6755㎡と言われてもピンときませんが、「東京ドーム1個分」となればイメージが脳内に浮かびますよね。数字は、モチーフと合わさるとグッと想像力を掻き立てるものになるのです。

「かなりのコストダウンです」では曖昧すぎます。では「月70万のコストダウンです」と数字にしてみる。確かに具体的ですが、その金額がどのくらいすごいのかがイメージしにくいでしょう。「四半期で、サンプリング施策1回分浮きます」や「合計で10人月の工数削減に匹敵します」と添えればどうでしょうか。お互いのイメージが揃い、議論がスムーズに運ぶはずです。

第３章

「説得・交渉」で損する人 得する人

本章の概要

■アクセルとブレーキのバランスが全て

説得・交渉が苦手という方は多いです。直接こちらの希望を伝えるだけでもいけないし、かといって言われたことを聞くだけでもうまくいかないというバランスの難しさゆえでしょう。

関係性はこれからも続いていくわけですから、とにかく聞きまくって折れまくって相手に合わせるだけでは、対等で良好な関係になりません。でも言いたいことを言うだけでは相手が納得してくれず、そもそも仕事が始まらない。**アクセルとブレーキを上手に使い分ける臨機応変さが求められるので、どうしても苦手意識が生まれやすい**

のでしょう。

この章では、相手の利益を踏まえながら意図を効果的に伝え、相手の気持ちを動かす伝え方や、交渉から始まる長期的な関係作りについて解説します。

■伝える前に、相手の「要求」ではなく背後の「関心事」を理解する

「ドリルと穴」の例えをご存じでしょうか。「ドリルを買う顧客は、ドリルが欲しいのではなく穴が欲しい」というものです。顧客のニーズを掴む重要性を教えてくれる例として有名です。

マーケティング界のドラッカーと言われたセオドア・レビット氏が、彼の本の中でレオ・マックギブナ氏が4分の1インチドリルが売れた理由を語った言葉を紹介したものです。日本で発売されたのは1971年ですから、かなりの古典です。「傘が欲しいのではなく、濡れたくない」「サラダチキンが欲しいのではなく、腹持ちの良いタンパク源が欲しい」といった具合に、**相手が本当に求めているものは何なのか**は実際の行動そのものの奥にあるということです。

もしあなたが値下げを要求されており、相手を説得しなければならない場合を考えてみましょう。相手が求めているものは、本当に値下げなのでしょうか。

このプランは効果検証テストとして実施するので、今の規模では大きすぎるためもう少しコンパクトにしたいのかもしれません。別の施策が好調で、そちらに予算を寄せたいので、そもそも今のプランの魅力が落ちているのかもしれません。決算が迫ってきており、各事業部でコストの抜本的な見直しが始まってしまい、予実のバランスを取りたいのかもしれません。

値下げという**具体的な「要求」ではなく、相手の「関心事」を理解**しましょう。背後にある関心事に焦点を当てれば、「値下げしてほしい人」「したくない人」という対立関係が、「共にベストな方法を見つけようとする仲間」になり、より適切な代案を見つけやすくなるからです。

■「言い換え」と「質問」で相手の行動を変える

説得や交渉が必要な場面では、変化が欠かせません。今ある選択肢だけでは足りていないか、今のままでは決定できない、という状況であることが多いからです。でも、だからといって次から次へと新しい選択肢を提示するのは現実的ではありません。**今ある選択肢の中でどうするか**、というのがこの章の大前提です。

そのための一つ目の技術が、**「言い換え」**です。ボトルにおよそ半分の水が入っているとします。「まだ半分も残っている」と捉えるのか、「もう半分しかない」と見るのか。同じ状況でも印象が違いますよね。

有名な実験があります。ある特殊な病気が流行すると、米国で６００人が亡くなってしまう。そんな状況で、２つの対策が提示されます。

対策Ａ：２００人が助かる
対策Ｂ：３分の１の確率で６００人が助かり、３分の２の確率で誰も助からない

このとき、７割以上がＡを選んだのです。この伝え方を、変えてみます。

対策Ｃ：４００人が死亡する

対策D：3分の1の確率で誰も死なず、3分の2の確率で600人が死亡する

お気づきの通り、どちらも元々の選択肢と同じ意味です。メリットやデメリットを違う言い方で表現しているだけです。ところが伝え方を変えただけで、今度は逆にD（先ほどで言うB）を選ぶ人が7割を超えたのです。

これを**「フレーミング効果」**と言います。ポジティブなことが書いてあるのならそもそものリスクを避ける方向で判断するけれど、「死亡」などネガティブなことが書いてあるならリスクを引き受けた上で、それを回避できる可能性をより重視するというものです。

説得や交渉においても、今ある選択肢はそのままに、どのように伝えるかで印象は大きく変わるのです。具体的な例をご紹介します。

①メリットに言い換える

・10％がマイナス評価↓90％が評価しています
・クレームが減ります↓顧客満足度が向上します

・コストが100万円削減できます→利益が100万円増加します
・無駄な工数が減ります→効率がアップします
・エラーが減ります→検品精度が向上します

②デメリットを強調する

・急げば間に合います→このままでは遅刻します
・メンテナンスで設備の寿命が伸びます→メンテナンスを怠ると、設備がすぐ劣化します
・7割が商品に満足しています→3人に1人がご満足いただけていません
・セキュリティを強化します→何もしないとサーバーへの攻撃のリスクが高まります
・スリムな体型を維持しましょう→肥満はさまざまな病気の原因に

③メリットやデメリットをより想像しやすく言い換える

・月々250円の節約→年間3000円の節約
・ビタミンCを2g配合→レモン100個分のビタミンC
・月額会員費450円→1日たったの15円
・離職率が15%→年間で130名が退職

・全品目のうち1割を値引き→500品目を値引き

■「質問」で相手の行動を自然に引き出す

交渉や説得における著作で有名なのは、社会心理学者のロバート・B・チャルディーニ博士でしょう。ベストセラー『影響力の武器』は1991年の刊行にもかかわらず、2023年に4つ目のバージョンとなる新版が発表されるなど愛され続けています。博士の提唱するさまざまなアプローチの中で特に興味深いのは、質問の活用方法です。相手に質問を投げかけることで自発的な行動を引き出すというのです。

例えば、「投票に行きますか？」ではなく、「あなたが投票に行く理由は何ですか？」と質問したところ、投票率が大幅に向上したのです。**質問で相手の考えを引き出すと、その後の行動も回答に引っ張られていくのです。**

また、営業の場面で相手に商品を買ってもらうために、「この商品をぜひ導入してください」と直接交渉するのではなく、「この商品は、御社のどんな問題に効きそうでしょうか？」と問いかけると、相手は商品について深く考え、自分の言葉で解決策を見つけようとします。その結果、どんどん自発的に意欲が高まるのです。

質問には相手の思考を促し、その答えに基づいた行動を引き出す力があります。単なる押し付けではなく、相手が納得して行動するという理想的な結果を得るためにも、質問の力をうまく活用できるようになりましょう。

[説得・交渉]

1

誰も動いてくれない

損

コストダウンは
難しいです

←

人が動いてくれる

得

最悪の場合、
こうしたリスクが
あります

なぜならば、という理由や背景は率先して伝えましょう。「コストダウンは難しいです」と言うだけでは、明確なリスクやデメリットが伝わりませんから。「こういうリスクを心配しているので、コストを削減することはおすすめしないのです」と伝えて初めて、相手はこちらの「関心事」を理解してくれて、同じ方向へ向かって進み始めることができるのです。

例えば、製造業。「コストダウンは難しいです」と言うだけでは、相手もうっすら分かっていることを繰り返しているだけ。相手の考えを変えることはありません。**代わりに、マイナスの未来を共有しましょう。**「生産ラインを縮小することになるため、今後、突発的な受注増に対応できなくなる恐れがあります」と具体的なリスクを示すことで、相手はその問題の深刻さを理解しやすくなります。判断に必要な材料を増やすわけです。

また、信頼関係を築くためにも、対策を添えることも有効です。単に「難しい」と突き放すのではありません。「ここが難しいですが、一緒に解決策を考えましょう」とポジティブなサポートも示すことができれば、前向きな関係が生まれます。人を動かすためには、自分も率先して動くのです。

［説得・交渉］

2

誰も動いてくれない

損

まずはご挨拶だけでも

←

人が動いてくれる

得

最新事例を
ご紹介させてください

リモートワークが浸透し、いつでもどこでも打ち合わせに参加できるようになりました。それでも時間の大切さは変わりません。むしろ家事や育児へシームレスに切り替えられるようになった分、時間を何に使うかの難しさは増しています。

商談や交渉のために時間をもらいたいとき、**サクッと感を強調するのは、損が大きすぎます。**挨拶だけを喜んでしたがる人は少ないからです。結局、空気を読んでしょうがなく時間をつくってもらうことになってしまう。何より、言われた側が100%聞くだけの受け身スタンスになってしまうのがもったいない。

どういう場にしたいのか、そしてそこで何をプレゼントしようと考えているのか。**あなたの意図を見せることで、相手は初めて「本当に必要か、そうじゃないか」というジャッジができます。**相手に価値のある情報を提供する姿勢を示すことで、興味を引きやすくなります。その上で時間を取ってくれたのであれば、興味関心のある前向きなスタンスでスタートすることができます。

ただし、とりあえず事例をエサにして、口実だけつくって実際は商談しかしないのはおすすめしません。自分がやられたら、良い時間だったと思えるでしょうか？

［説得・交渉］

3

誰も動いてくれない

損

提案のお時間をください

人が動いてくれる

得

今のプランにご不満はございますか？

相手のニーズを引き出す。このたったひと手間で、交渉事はお互いにとって有意義な時間になります。こちらは的を射た提案が可能になります。一方で相手は、より状況にフィットした話を聞くことができます。何より、提案をする側・される側という関係から一歩進み、**問題解決を目的とした会話にスイッチが切り替わります。**

例えば、企業がプロジェクト管理ツールの導入を検討している場合に、「現在お使いのプロジェクト管理ツールに何かご不満はございますか?」と尋ねます。すると、相手は具体的な問題点を共有しやすくなります。「コミュニケーションが断片化している」「タスクの進捗が見えづらい」といった具体的な不満が出てくるかもしれません。

これに対して、「弊社の新しいツールには、このような問題を解決できる機能が備わっています」と提案すれば、相手はそのメリットを具体的に理解しやすくなります。時間配分にもメリハリをつけられますから、聞いている側の満足度も高まります。

いきなり説得しにかかるのではなく、相手の背景にある「関心事」を、質問を通じて炙り出すのです。会話はキャッチボールだ、とよく言いますが、相手がどこにグローブを構えているのかを把握しないことには、相手が捕りやすいボールは投げられません。質問は説得や交渉の下ごしらえ。ぜひ積極的に活用していきましょう。

［説得・交渉］

4

誰も動いてくれない

損

新サービスを
ぜひお試しください

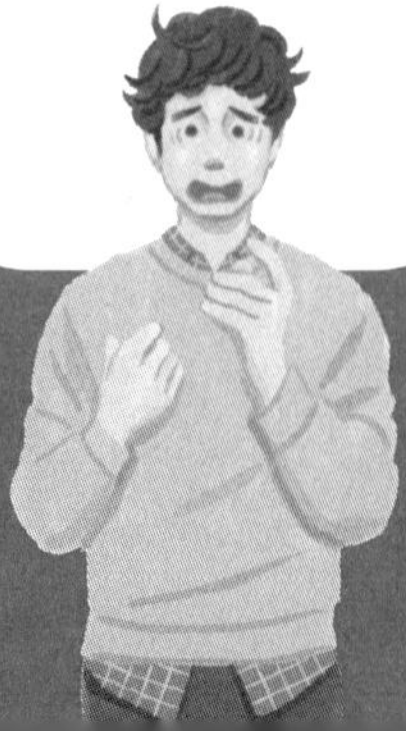

人が動いてくれる

得

新しいソリューションに
興味はおありですか？

世の中には、**Ｎｏと言いにくい質問**があります。「寄付はするべきですか？」のように、Ｎｏと言ってしまうと人間性を疑われてしまうような質問です。ビジネスの世界にもそのような質問があります。それはＮｏと言うことで**ビジネスの改善や人の成長に後ろ向きと思われてしまうような質問**です。新しいものを取り入れることに慎重な人はいても、「今の会社に新しい手法は必要ですか？」という改善へのスタンスに関わる質問には、多くの人がＹｅｓと答えるのではないでしょうか。

あなたが何かを交渉するとき、まだしっかりと価値を感じてもらえていないと思ったことはありませんか？　そんなときは長所をアピールするより先に、Ｎｏと言いにくい質問をぶつけてみましょう。

例えば名刺情報を管理することで営業のアポイントが効率良くなるサービスであれば、「御社にとって、営業部門の時間効率アップは重要な課題ですか？」と尋ねる、といった具合です。

こちらの要求ばかりを言葉巧みに伝えるのではなく、相手の興味を引き出すコミュニケーションを。会話のスタートとしても、とても使い勝手が良いです。結果として、相手にとって価値ある情報を提供しやすくなり、スムーズな交渉につながるはずです。

［説得・交渉］

5

誰も動いてくれない

損

値引きしてほしい

←

人が動いてくれる

得

この予算内でできることを一緒に考えたい

価格交渉には大変な労力がかかります。心理的負担はもちろんですが、細かい項目を吟味して要不要をジャッジしていく細かい工数もかかります。数字という形ではっきり見えるので、曖昧にすることもできません。

「値引きしてほしい」という要望をいくら敬語にしようが洒落た表現にしようが、一方的にあなたの要望を伝えているだけということに変わりはありません。これでは相手は前向きな協力がしづらいため、当然、話は前に進みにくくなります。

例えば、新しいITシステムを提案してくれた企業に対して、「この予算内でできる最適な設計を一緒に考えたい」と伝えます。値下げを要求するだけでは、相手のフォーカスは単にコストを減らす・減らさないの判断のみに当たります。

ところが伝え方を変えれば、価値を生み出すための工夫に知恵をしぼるということにフォーカスが変わります。こうなれば、「まずはこの予算で必須機能を優先的に導入し、後からオプションを検討するのはいかがでしょうか？」と具体的なプランを引き出せるかもしれません。

要求ではなく、背景である「関心事」を伝えると相手のフォーカスが変わるだけでなく、知恵を持ち寄ることで想定以上の交渉結果に辿り着くことができるのです。

［説得・交渉］

6

誰も動いてくれない

損

こちらの事情で
恐縮ですが

←

人が動いてくれる

得

正直にお話ししますと

交渉や説得で大事なのは、線を引かないことです。事情を通す側と、受け入れる側という線を引いてしまうと、本来協力し合うはずが対立関係から始まってしまうからです。「こちらの事情で恐縮ですが」という表現は、本来ないはずの線を引いてしまう伝え方です。その交渉はあなたも相手も全員が関わっているもの。先に謝ることで相手の妥協を引き出すのは、実は不健康な関係になりかねません。

例えば、プロジェクトの納期が遅れる場合を考えてみましょう。「こちらの事情で恐縮ですが、納期がズレ込みます」と伝えると、あなたは誠実に伝えているつもりでも、**相手にとってはあなたの問題を押し付けられたように感じるかもしれません。**

代わりに、「正直にお話ししますと、資材高騰の影響もあり、納期が遅れそうです」と伝えます。あなたと交渉相手は、勝ち負けのある関係ではありません。どちらが偉いということもありません。**プロジェクトを成功に導くための仲間**です。誠実なコミュニケーションは信頼関係を築くための基盤となります。ですがとにかく先に謝ってしまって自分たちだけを悪者にすることとは違います。

チームの課題は何なのかをチームの共通認識にする。そのきっかけに「正直にお話ししますと」が役立つはずです。

[説得・交渉]

7

誰も動いてくれない

損

ぜひ引き受けてほしい

人が動いてくれる

得

誰が適任か
悩み抜いた上で、
あなたに引き受けてほしい

説得では、温度差の解消が鍵となります。こちらは強い思いもこだわりもあるが、相手はあまり乗り気ではない。そんな温度差をどう乗り越えればよいのでしょうか。

大切なのは、**相手のスイッチを押すような一言**です。能力を買っているのなら能力を、経験を買っているのなら経験を、といった具合に相手のことをほめるのも手ですが、もう一つあります。

それは、**あなたが時間をかけて見てきたものをきちんと伝える**ことです。時間をかけて悩んだのならその時間を、周囲に推薦してもらって検討したのなら周りから推す声が多かったことを、ちゃんと伝えるのです。それだけ手間暇かけて検討した結果なら、この人の言うことを信じてみよう。見えない努力は見えないままにしておくのもカッコいいですが、時と場合によっては説得の強力なピースになりうるのです。

このとき、あなたなりの判断基準だけをそのまま伝えてしまうとマイナスに働くことがあります。「このクライアント対応は、営業成績の良いあなたにぜひ」と言ってしまうと、数字や結果でしか人を見ていないように映ります。「どんな相談も受け止める姿勢と臨機応変な対応が結果につながっている。だから新しいクライアントもぜひ任せたい」と**あなたが見出した具体的な評価ポイントを添えましょう。**

[説得・交渉]

8

誰も動いてくれない

損

契約期間は半年からです

←

人が動いてくれる

得

半年間の継続運用とサポートが可能です

事実は、立場が変わればポジティブにもネガティブにもなります。この場合では、「半年」という時間が、相手にとってはネガティブな制約に感じられてしまっています。会社のルールや方針で定まっている条件を、どうにか相手に飲んでもらいたい、そんな場面です。

このとき鍵となるのは、**フレーミング**です。条件はさまざまな事情から生まれていることがほとんどですが、しっかり掘り下げていくと必ず双方にとって良い面があるはずです。

例えば、ある期間を保証することで丁寧なサポートを無償で提供できるようにしていること。安売りを防ぎ、プロダクトの品質向上に投資できること。単月では導入と初期対応だけで終わってしまい効果が見込めないこと、といったものです。物事の捉え方を変えるフレーミングによって、相手の納得感を高めていきましょう。

こちらの事情をそのまま伝えるのではなく、相手がメリットに感じるポイントをしっかりと定める。それを具体的に伝える。**それまでの情報にポジティブな見方を与えることで、**提案そのものが価値のあるものに見えてくるのです。

［説得・交渉］

9

誰も動いてくれない

損

なんとかなりませんか？

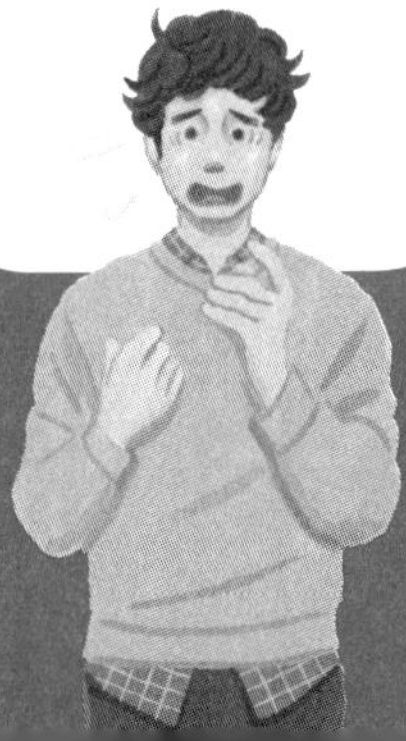

←

人が動いてくれる

得

解決する方法はありませんか？

どうしようもなくなってしまい、困り果てたとき。思わず「なんとかなりませんか？」と伝えたくなる、その気持ちはとてもよく分かるのですが、一度グッとこらえましょう。他力本願に聞こえてしまうだけでなく、要求がふんわりしすぎていて、協力しようにも何をどうしたらいいのか相手も困ってしまうからです。

例えば、プロジェクトの進行に問題が発生した場合、「この事態を解決するには、どんな方法があるでしょうか？」と伝えます。**アジェンダ（議題）を会議の場に持ち込むイメージです。**「追加のスタッフを投入することで、遅延を回避できませんか？」と具体的な仮定を持ちかけるのも良いでしょう。相手もより一層検討しやすくなります。

この方法は、クライアントからの要求が難しい場合にも役立ちます。「なんとかなりませんか」と曖昧に交渉する代わりに、「納期の変更をしないために、途中の確認プロセスのいずれかを省けないでしょうか？」と具体的な問いを設定してみるのです。

このとき、相手の行動そのものを責めては逆効果です。今は具体的な策を練ることに時間を使うべきですし、相手を責めては連携も生まれにくくなります。**お願いするのではなく、共通課題を設定することに意識を割きましょう。**

第4章

「お誘い」で損する人 得する人

本章の概要

■相手が返事に困らないよう、誘うのではなく「提案」する

　この章のテーマは「お誘い」です。大切な相手や、お世話になった方、新しくチームに加わってくれたメンバーなどを、距離を縮めるために食事などへ誘う場面を想定しています。照れくさい方や、断られることを想像してためらってしまう方に役立つ伝え方を集めました。

　まず大切なのは、**相手が返事に困らない伝え方をすること**です。「○月○日、空いてますか?」といきなり予定を聞いてしまうと、何が始まるのか相手は想像もつかないので、空いていても素直に返事をしにくいでしょう。距離を縮めたいはずが、警戒さ

れてしまうことにもなりかねません。

行ってみたいお店があるから、と行きたい場所を提案してみる。日頃のお礼をしたいから、と意図を伝える。最近SNSで話題だから気になってて、と理由を添える。夏の球場で飲むビールが最高で、と好きなポイントを紹介する。ただ誘うだけだと直接的ですので、**提案に変えてしまいましょう。**直接的に誘うと、Yes／Noで答えられてしまい、もし断られたときにはダメージがデカくなってしまいます。提案であれば、断られても違う提案をできるチャンスが残りますから。

■メッセージを強くする3つのポイント

一度聞いたら忘れられないような魅力的なメッセージは、確かに存在します。相手の感情を動かし、お誘いにつなげるためには、どのような工夫が必要なのでしょうか。コピーも短い文字数の中で、読み手の心に良い引っかかりを作らねばなりません。いくつかポイントをご紹介します。

①具体的である

言葉を読んだだけで、自分もまるでそこにいるかのように、情景が浮かんでくる。具体的であることは**情報を視覚化しやすく、想像によって実感しやすくします。**例えば、「試着室で思い出したら、本気の恋だと思う。」（ルミネ／2008年・尾形真理子）というコピーがあります。「試着室」というワードはもちろんですが、「本気の」という形容詞もまた、ただの恋ではない強さがあります。脳内で恋の思い出を振り返るトリガーとして、具体的なワードは機能するのです。

②発見がある

知らなかったことを知ることができた。その驚きは、とても強いものです。幼い頃に初めて知ったことを何年経っても思い出せる、そんな経験はありませんか。日本では感情のことを大きく「喜怒哀楽」の4つに分類しますが、哲学者のデカルトによれば「驚き・愛・憎しみ・欲望・喜び・悲しみ」という6つの情念があるそうです。そしてその中でも、驚きはいちばん最初にやってくるものと述べられています。そこから、愛や喜びといったものに発展していくのです。

なかなかハードルが高く思えるかもしれませんが、思わずハッとさせられるようなものじゃなくても、「へえ、知らなかった」と感じてもらえればそれは十分驚きです。話題のスポット、意外なお店、見慣れない食べ物に飲み物。いろんなネタが日々世の中を賑わせています。相手の趣味や好みにも左右されますが、**相手の知らないようなことを伝えること**ができれば、それはとても強力なお誘いになりうるのです。

③ストーリーが想像できる

こんな経緯があったのか。行くとこんなことが待っているのか。あなたがお誘いする瞬間を今とするなら、その前後を想像できるのが良い提案です。昔話や故事成語にもストーリーがありますが、実はストーリーがあると情報の理解と記憶が深まると言われています。例えば「最近、日本酒を勉強しているんだけど」と手前の経緯を伝えたり、「結末が予想できなさすぎるって話題になってる映画があって」のように、行った後のプラスの未来を伝えたりしてみましょう。

誘われた意図も分からないし、何をしに行くのかも分からない。そんな状態で前のめりになれる人は少ないものです。ぜひ、時間軸を前後に広げてみましょう。

［お誘い］

1

誰も動いてくれない

損

デートしませんか？

人が動いてくれる

得

チケットがあるんだけど行ってみない？

業務連絡に気をつけましょう。誘いたい、一緒に出かけたい、来てほしい、という思いが強すぎると早くそれを共有したくて、極めて端的なフレーズになってしまいがちです。

「デートしませんか？」「食事でも行きませんか？」「ぜひ一席設けさせてください」は、プレゼンで言うところの結論です。結論から話すのはいいのですが、それだけだと業務連絡のような無味無臭なメッセージになってしまいます。

どこに行きたいのか。なんでそこに興味を持ったのか。どんな体験が待っているのか。そうした情報を伝えましょう。なぜお誘いしたいのかを添えるのもよいでしょう。相手は誘いに対して、行くか行かないかをいろんな角度から検討することができます。

例えば、同僚をランチに誘う際に、「一緒にランチしませんか？」と言うよりも、「新しくできたレストランのクーポンがあるんだけど、一緒に行ってみない？」と提案することで、より自然な形で誘えるようになるはずです。

直接的な要求は、一方的な押し付けです。ですが、選択肢を提示したり、理由や見どころなど前後のストーリーをきちんと添えたりすれば、それは「提案」になります。お誘いは、関係を築くための第一歩。ぜひ意識してみてください。

[お誘い]

2

誰も動いてくれない

損

お昼の時間、空いてますか？

↓

人が動いてくれる

得

人気のあの店、ランチなら安いんです

普段ほとんど話したことがない。そんな相手と、ぜひランチに出かけてみたい。「お昼の時間、空いてますか？」とまずは予定を確認したくなるかもしれません。目的や背景が分からないままでは、どうしても意図や意味をいろいろ想像してしまいます。関係性が深くない上に情報が少ない中での想像はたいてい、ネガティブな方向に広がってしまいます。

「人気のあの店、ランチなら安いんです」という情報があれば、こちらのお誘いの魅力がすぐ伝わります。近所に新しくできたお店や、共通の知人がおすすめしていたお店など、ささやかな発見を盛り込んでみましょう。そうすればもし予定が合わなくても、「気になるので、日を改めて」と次の約束につながることもあるからです。

お昼なんてもっとラフに誘ったらいいじゃないか、と感じる方もいるかもしれません。でも、食事制限をしていたり、アレルギーなどの事情でお店選びに慎重だったりする方もいます。食事はサクッと済ませて午後の準備に使いたい方もいます。お昼休憩は、同じ職場であれば全員が持っている時間ですから、使い方も人それぞれ。自分だけの物差しで判断せず、相手のプラスになるお誘いを心がけましょう。

[お誘い]

3

誰も動いてくれない

損

今日の飲み会来ない？

←

人が動いてくれる

得

ぜひ話してみたいんだけど、今日空いてる？

新卒の頃、夜遅くに鳴る会社の電話には気をつけろと先輩が教えてくれました。二次会に向かう大先輩が、律儀に電話を取る若手を夜の街へと誘う電話だからです。さすがにそんなことは令和になかなかないと思いますが、どうしても急なお誘いのシチュエーションはあるでしょう。

「今日飲み会あるんだけど、来ない？」と予定と意思をいっぺんに確認したくなるかもしれません。ですが、そもそも急であり、相手に負担のあるお誘いだということは忘れてはいけません。「ぜひ一度、話してみたいんだけど」「あなたと同じ趣味を持ってる先輩も来るので」と、**誘いたい理由をしっかり伝えて、急ではあるものの、ぜひという思いを添えることが肝心です。**

例えば、同僚を飲み会に誘う際に、「あなたの意見をぜひ聞きたくて、今日飲みに行きませんか？」と伝えれば、理由だけでなく、大切な存在だというリスペクトも伝えることができます。

カジュアルな集まりは信頼関係を築く良い機会です。一方で、リモートが広まり、気が引けてしまう方も多いはず。「一度リラックスした雰囲気で話がしたいから、飲み会に顔を出してみない？」など、場の意味を感じてもらえるよう伝えましょう。

[お誘い]

4

誰も動いてくれない

損

いつ空いてますか？

人が動いてくれる

得

私はこの日とこの日が空いています

してほしいことがあるなら、先にこちらから差し出しましょう。コミュニケーションで忘れてはならない鉄則です。つい「予定を教えて」と求めることから始まってしまいがち。「私はこの日とこの日が空いています」と先に自分の予定を提示するのは、些細な心がけに見えるかもしれませんが、やりとりが圧倒的にスムーズになります。自らの空き時間をゼロから調べ上げるより、提示された候補をチェックする方が楽だからです。

例えば、会食の予定を立てる際に、「私は火曜と木曜が空いています。どちらかご都合いかがでしょうか？」と提案すると相手の手間を省略することができます。先んじて、「少し遅い時間からの開始でもよろしければこの日も」と△な選択肢も添えれば、よりクイックな調整ができるでしょう。

そもそも「いつ空いてる？」という伝え方では、相手の自由な意思を尊重しているように見えて、「どこかは必ず空いてるよね？」と断る選択肢を奪っているようにも見えてしまいます。自分から空いている日を先に提示することで、相手に選ぶ余地が生まれ、ハードルを下げることにもなります。

他にも、**お店の候補を添えておいたり、同席予定のメンバーを伝えたり。**いずれも相手の中でより具体的に想定することができ、時間調整の助けとなりますよ。

[お誘い]

5

誰も動いてくれない

損

また誘ってください

←

人が動いてくれる

得

次は私から
お誘いしますね

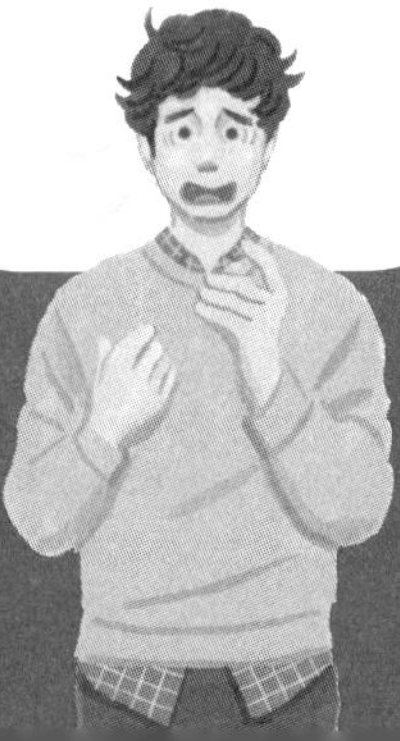

感謝を伝えたくて、または会が楽しかったと伝えたくて、「また誘ってください」と声をかける。積極的な伝え方にも思えますが、自ら主導権を発揮するような伝え方でさらに得することができます。

例えば、ビジネスミーティングやカジュアルな集まりの後に、「次は私からお誘いしますね」と言うことで、**相手はあなたの前向きな感情や積極性、熱量を感じることができます。**相手には、次回を準備・企画する負担もありません。あなたが本気で関係を築こうとしていることが伝わるはずです。友人と久しぶりに会った後に、「次回は私が企画するね」と伝える。相手はあなたの前向きな姿勢に好感を覚えるでしょう。お互いにとって楽しい会だったと確認でき、次回の予定も楽しみになる。一言で二度響くわけです。

ちなみに、「また誘ってください」や「近いうちに行きましょう」というフレーズを社交辞令として使う方がいます。つまり、あまり行く気がないのにそれっぽい言い方で期待を持たせるわけです。相手も同じように社交辞令と受け取ってくれるとは限りません。相手をその気にさせるだけで行動を起こさないのは、迷惑になりかねませんから控えましょう。**自ら手を挙げること、そしてそれを伝えてみること**にぜひチャレンジしてみてください。

［お誘い］

6

誰も動いてくれない

損

せっかくだから
みんなで行こう

人が動いてくれる

得

大勢の方が
楽しいですから

「他のみんなは参加するよ」や「どうせなら全員で行こうよ」という誘い文句には注意が必要です。安心感を与えようとしているのは分かるのですが、相手はチームの和を乱すわけにはいかないというプレッシャーを感じてしまいます。

「大勢の方が楽しいですから」という伝え方は、**相手にとってのメリットを示すだけでなく、集団行動を強制しない配慮のあるメッセージになっています。**

例えば、イベントやパーティーに誘う際に、「大勢で行った方がいろんな話ができて楽しいよね」と伝えることで、相手はその場の雰囲気を楽しみにしやすくなります。具体的に伝えれば伝えるほど、想像がしやすくなるわけです。他にも、チームでのランチであれば、「普段聞けない話もできて楽しいですし」と伝えるわけです。**相手にとっての価値を提案するわけです。**

余談ですが、以前、とある実写映画が酷評の嵐を呼んでいたときのこと。先輩の「どうしても映画館で観たい。みんなで観てみんなで正直な感想を語り合いたい。なんならダメージを分散したい」との正直な呼びかけに、気がつけば90人以上が集まりました。みんな気になっていたけど二の足を踏んでいたわけです。周囲と同じ行動を求めるのではなく、相手にとって魅力的な提案をする。そんな心がけが大切です。

[お誘い]

7

誰も動いてくれない

損

○○さんのために
予約しました

人が動いてくれる

得

○○さんに
ぜひ食べてほしいんです

優秀な人ほど、恩着せがましさとは無縁だなと感じます。ある上場企業の社長は会食のお店を自ら予約するそうです。当然相手は申し訳なく感じそうなものですが、「この名物メニューは、絶対気に入ると思いますよ」や「どんなお店にしようか考える時間が大好きなんですよ」とさりげなく伝えているそうです。そう、**自分が好きでやっていることなのだと、相手に共有している**わけです。

予約などの手間を自ら担うことは大切です。一方で、それが相手にとって重荷に感じられては本末転倒です。まして、「◯◯さんのために」とわざわざ伝えてしまってはそれ相応のお返しをしなければというプレッシャーにもなってしまいます。**もう少し具体的に、どんなことがその人の喜びになると思ったのかまで伝えましょう。**

もしレストランの予約をしたのであれば、「◯◯さんにぜひ食べてほしいメニューがあるんです」「このレストランの雰囲気はきっと◯◯さんの好みに合うかなと思いまして」といった具合です。予約したことだけを相手のためにと伝えるのは恩着せがましく映りますが、具体的な理由を添えればおもてなしへと変化します。

特別な関係性を築きたいのであれば、こちらから特別な提案をしてみる。そうした先手の発想を心がけてみてください。

[お誘い]

8

誰も動いてくれない

損

もっと
お話を聞かせてください

人が動いてくれる

得

ぜひ情報交換
させてください

もらうだけではなく、こちらからも差し出す。ギブ・アンド・テイクとして有名な考え方ですが、これはお誘いの場面でも有効です。

相手に興味を持っていることを伝えたくて、「もっとお話を聞かせてください」と伝える。こちらが提案を受ける側であればいいでしょう。ですが対等でより深い関係を目指すのなら、**ただただ相手から話してもらうことを期待しているような態度は得策とは言えません。**

こちらからも情報を共有したり、意見交換したり、そうした双方向のパスがなければ関係性は深まりません。相手の知識も、経験も、アドバイスも、相手が努力して獲得してきた大切な資産。好き勝手にもらうだけもらってよいものではありません。

プライベートで親しい相手に、情報交換など目的のあるお誘いは、なかなか切り出しにくいもの。ちょっと大袈裟に見えてしまいますからね。そんなときは「この分野のことならまずあなたに聞きたくて」と誘ってみましょう。「こないだしていた話が、すごく分かりやすくて」とポジティブなフィードバックを添えるのもいいでしょう。親しいからこそ、どうすれば相手のモチベーションが高まるか、という視点は忘れないでください。

第5章

「断り方」で損する人 得する人

本章の概要

背景をきちんと伝える。でないと勝手に妄想される

ビジネスでは、さまざまな依頼や提案に対して「断る」場面が数多くあります。しかし、断り方一つで相手との関係性が大きく変わることをご存じでしょうか。

上手な断り方は、単に相手の依頼を拒否するのではなく、相手との信頼関係を保ち、円滑なコミュニケーションをサポートしてくれます。

一方で、損する伝え方では余計な説明が必要になったり、話がこじれたりします。この違いは、どこにあるのでしょうか。

それは、**周辺情報をきちんと伝えられているかどうか**です。あなたがどういう状況にあるのか。どういう根拠で決断したのか。決断の背景には、どんな考えがあったのか。仕事への価値観は何なのか。こうした周辺情報を伝えないままただ断ってしまうと、相手は不安や偏見によって勝手な推測を始めてしまいます。

「自分の説得が足りないんじゃないか」「本当はやってみたいけど、不安が拭い切れないだけであと一押しなのではないか」と相手が思い始めてしまうと、ズルズルと長引いてお互い疲弊してしまいます。

相手の妄想にブレーキをかけてあげるには、**根拠や背景を伝えて、相手が妄想するような余白を先に埋めてしまう**のです。

まず具体化することから始めてみる

断る際の言葉選びやコミュニケーションの方法次第で、相手に与える印象や感情に大きな違いが生じます。

断り方の基本は、具体化です。具体的な理由や状況を説明することで、頼む側はあなたの判断の裏付けができ、断るという結論に至った過程を知ることができます。
「今すぐは難しいです」と曖昧に断るのでは、「じゃあ今すぐでなければいいのか」と相手は依頼を引き受けてもらう前提で代案を考え始めてしまうでしょう。そうではなく、「来週の木曜に重要な提案があるので、それまでは対応する時間が取れません」と伝えるわけです。

どれだけ今忙しいのか。いくつタスクを抱えているのか。他の仕事の進捗率はどれくらいなのか。どれほど難しい議論を別で進めているのか。こうしたあなたの状況は、あなたにしか説明できないものです。

結論だけ伝えては、やるかやらないかの100か0のまま。こうした説明を加えれば、相手も代案を検討したり、条件を緩めて再交渉してくれたりするはずです。対立関係ではなく、共に解決に向かうパートナーシップへと変わるのです。

無理して起こる「ネガティブな未来」を想像させよう

そうして根拠や背景を伝えても、相手がなかなか折れてくれないときもあります。依頼者は、あなたが引き受けてくれる未来を想像しています。いわば、ポジティブな未来に脳内が偏っている状況です。

そんな相手にとっては、壁であるはずの根拠や背景も「その気になればなんとかできるもの」に見えているのかもしれません。そんな目線の相手には、断っても断っても気持ちの変化が起こりません。むしろ、ポジティブな未来へ辿り着けるようより強くアクセルを踏ませてしまうだけです。

断る際には、無理して頼んだ先の「マイナスな未来」を相手に想像させることが効果的です。具体的なリスク、問題点を説明することで、相手は自らの依頼が現実的でないことを理解し、その結果を想像するようになります。

「ルール上、できないんです」では足りません。「ルールに違反してしまうので、取引先にまで迷惑がかかります」といったようにマイナスな未来を共有することで、相手もあなたと同じように状況を検討できるようになります。了承できない背景を、あなたにはどうしようもできないような周辺への影響まで伝えていくことで、相手も客観的に状況判断が下せるはずです。

どうしても難しい場合は強調か交渉を選ぶ

さあ、まだ相手が引き下がってくれません。時間を空けて、再び依頼を持ちかけられることもあるでしょう。あなた自身も、なんだか申し訳なくなっているかもしれません。断る側こそ、メンタルを消耗してしまうからです。

状況が変わっていないのであれば、優しさを見せることなく改めて根拠や背景を強調しましょう。マイナスな未来を、「前回から時間が経った分、ますますスケジュールが足りなくなっています。このままではクライアントの求める納期に間に合わせることが非常に厳しいです」と強く訴えるのです。

どうすればこの状況を変えられるのか、交渉に持ち込むのも手です。ただ単にお互いにしっかり話し合うようにするのではなく、「この仕様を変えることができれば、引き受けることが可能です」とこちらからの要望を訴えて互いの落とし所を探すわけです。

上司や他のメンバーなど、第三者に入ってもらうことも効果的です。断るというのは精神をすり減らすことですから、1対1で対応し続けるのではなくその負担を分散するのです。

それでは、さまざまな断り方をみていきましょう。

[断り方]

1

誰も動いてくれない

損

それは無理です

↓

人が動いてくれる

得

ここまでなら可能です

断り方の難しいところは、時として相手を傷つけてしまうことです。強い表現を用いれば用いるほど、相手にダメージを与えるかもしれません。そんな状況を想像して、あなた自身が罪悪感を覚えてしまうかもしれません。断るのが苦手な人は、このパターンが多いように思います。

そんなときは「ここまでなら可能です」と言い換えてみましょう。**否定を、肯定という真逆の表現に変換するイメージです。**まず大前提として協力したいのです、という意思表示になります。また、具体的な範囲や条件を示すことで、相手はあなたがどれだけ忙しいのか、どういう状況なのかを理解できるようになります。

プロジェクトのスケジュール調整を依頼されたとしましょう。「そのスケジュールは無理です」と単に断るのではなく、「この期間まででよければ対応可能です」と具体的な範囲を示すことで、相手はどうするべきか前向きに検討することができます。どの条件が変われば引き受けることができるのか交渉を持ちかけてもいいでしょう。

大切なのは、相手に対する尊重と協力の姿勢を示すことです。もし条件が折り合わなかったとしても、相手はあなたのプロフェッショナリズムと柔軟さを評価し、信頼を寄せるようになるでしょう。

［断り方］

2

誰も動いてくれない

損

今忙しいんです

←

人が動いてくれる

得

今週は時間が取れませんが、来週以降でしたら

「今忙しいんです」というのは断りのシーンで使われるフレーズナンバーワンかもしれません。どうしても無骨で拒絶の印象が出てしまいます。このような伝え方では、相手が共感する隙もありません。その結果、雑に断られてしまったという感覚になってしまい、相手との関係がぎくしゃくしてしまうことすらありえます。

「今週は時間が取れませんが、来週以降でしたら対応できます」という表現は、**具体的なタイミングを示すことで相手に対して柔軟性と協力の意思を伝える方法です。**相手に対して具体的なスケジュールを提示しているので、対話を止めることもありません。

新しい案件の依頼があったとき「今忙しいんで」と断る代わりに、「今週は会議やプロジェクトが立て込んでいて難しいですが、来週の月曜日なら参加可能です」と伝えてみましょう。**代案を示すことで、相手に対して配慮や尊重の姿勢も伝わります。**具体的な予定であればあるほど、相手はあなたが自分の依頼を真剣に考えているという印象を受け、信頼感も高まります。

忘れてはいけないポイントがもう一つ。**代案だけを伝えないこと**です。「来週月曜なら大丈夫ですよ」と伝えたとします。これでは今どんな案件でどれほど忙しいのかが伝わりません。状況を的確に伝えることは、断る前の下ごしらえのようなものです。

［断り方］

3

誰も動いてくれない

損

会社のルールでできません

人が動いてくれる

得

社の方針で、ご迷惑をかけてしまいます

マイナスの未来を伝えることで、より適切な検討を相手に促すアプローチです。どんな影響が起こりうるのか、さらに具体的に伝えるのも効果的です。相手へ配慮しつつ、無理することで引き起こされる未来を共有することで、**お互いがより冷静に状況をジャッジできる**はずです。

あるプロジェクトでの特別な要望に対して「会社のルールでできません」と断れば、相手は、そのルールは本当に変えられないものなのだろうか？　そもそもそんなルールはあるのか？　などあれこれ妄想を巡らせてしまいます。代わりに、「この件については社の方針によりご期待に添えないかと思います。過去に同様の事例があり、その際にはこうしたトラブルが発生しました」と**背景や事情**を伝えることで、相手はその制約の全体像をようやく理解できるのです。

会社のルールだけを持ち出すのではなく、**そこには大きな方針があり、きちんと理由もあると見せることはとても有効です。**例えば取引先から納期短縮を求められた際、「社のルールとしてこの工程には5営業日を必須としています。非常に繊細な機器を使用しますので、下手に短縮すると調整が足りず故障する恐れがあるのです」と断りましょう。ふんわり曖昧にして変な余白を残すと、お互い損します。

［断り方］

4

誰も動いてくれない

損

リソースが
足りていません

人が動いてくれる

得

0.1人月も
割けないですが、
いいですか？

「リソースが足りていません」という断り方が飛び出すとき、これはもう相当追い詰められています。心中お察しします。仕事において避けては通れないハードルです。リソースが潤沢なことの方が少ないからです。でも、いや、だからこそ、このような断り方は、相手が状況を理解しにくいのです。

「0.1人月も割けない」という表現は、もはや「無理だ」と言っているに等しい伝え方になっています。それでいいのです。**とにかく具体的に、どれくらいリソースが逼迫しているかを訴えるべきです。**「定例は隔週でしか入れる余裕がありません」「立案まで関わるのは難しく、資料へのアドバイスしか今はできません」など、**あなたの条件をきちんと提示することでしか、相手はあなたの状況を正しく理解できない**のですから。

非常に冷徹に思えるでしょうか。でも、条件を正しく伝えようとしている分、前向きであり、言われた方も割り切って次を考え始めることができます。

リソースの話といえば、とあるクリエイティブ集団がTVCMを依頼されたときのこと。「使える金額が1億円程度なら、やめるべきです」と明確に断ったそうです。その後、クライアント側は増資で確保した5億円を全てCMに投下することを決断。CMがオンエアされると受注は見事2倍以上となり、大成功を収めたそうです。

[断り方]

5

誰も動いてくれない

損

時間が足りません

←

人が動いてくれる

得

このスケジュールだと、○○までが限界です

不足を理由に、具体的に断る。これには2つのアプローチがあります。**時間がどれだけ足りないかを伝えるか、今ある時間でどこまでできるかを伝えるかです。**

前者は例えば「現在のリソースでは2週間以内に完了することは難しいですが、1ヶ月あれば十分対応可能です」と具体的なラインを示していく方法です。理想的な伝え方ではありますが、不足分をこちらでしっかり見積もらなければいけません。

「このスケジュールだと、◯◯までが限界です」という表現は後者です。具体的なスケジュールの制約を示しながら、**ここまではやれるという意思が伝わるので相手に前向きに感じてもらうことができます。**

もう一つのメリットは、**つい優しく対応しすぎて断りきれない人にぴったり**ということです。もし断る際にこちらから条件を提示するのが申し訳ないと感じてしまうときは、こちらの状況と意思を伝えるだけにしてみてください。判断はあくまで向こうに委ねてみる。断りと調整を分離するわけです。気持ちが楽になるはずです。

ビジネスにおいて、時間は誰に対しても平等で貴重なリソースです。できる範囲が見えてくるだけでも、検討はかなり前進します。

[断り方]

6

誰も動いてくれない

損

今は結論が出せません

←

人が動いてくれる

得

いったん状況を整理させてください

提案や議題に対して「今は結論が出せません」といったん断るのは、これはこれで端的な断り方ですが、「じゃあいつならいいんだ?」とさらに問い詰められてしまうこともありますし、一方的にうやむやにされてしまったという印象を与えたりしてしまいかねません。

「現在の情報が不十分なため、いったん状況を整理させていただき、再度ご連絡いたします」と**具体的な次のステップを示す。**こうした情報共有で相手は今後の進め方をスムーズに理解できます。次の予定が立つと、現状を問い詰められることはガッと減ります。「予算配分を再整理します」とタスクを共有すれば、調整の難易度も伝わります。のちのち断ることになったとしても、相手側が受け入れる心の準備になりますし、なんなら予算調整に役立つ情報を用意するなど対策も打てるのです。

やんわりとタイミングのせいにするだけではなく、**タスクやネクストステップを伝えましょう。**今は断ることになっても、いずれこちらから協力を求める日が来るかもしれません。長期的な信頼関係を意識し、相手に対する情報共有を惜しまないようにしましょう。

[断り方]

7

誰も動いてくれない

損

ここがダメだと思います

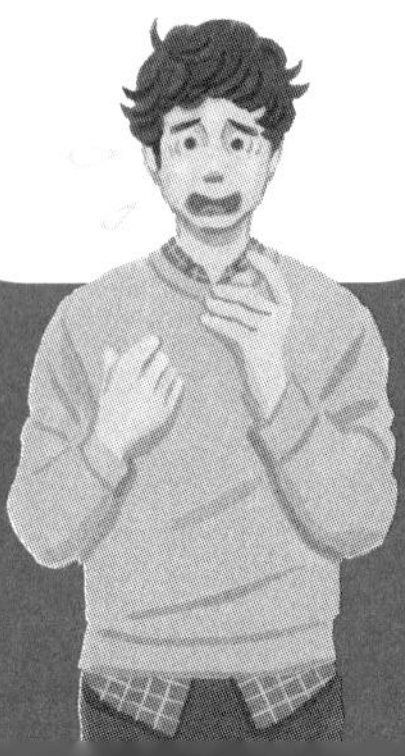

人が動いてくれる

得

対応するべきリスクがありますよね？

どうしても心配な点があり、断りたい。もちろんこちらから指摘するのもよいですが、**相手から引き出すという手もあります。**それが「対応するべきリスクは？」という問いかけです。単純な業務だが、特別な作業スペースを確保しなければならない。魅力的なサービスだが、ちょっとしたカスタマイズが非常に高額。そうしたポイントは断る理由に直結しますが、**相手から引き出すことでより一層断りやすくなります。**

懸念していたところとまさに同じポイントを示してくれれば、「ですよね」と賛成しながら断る方向で話を進めます。もしまるで違うポイントが出てくれば、あなたが懸念していた項目と組み合わせることで、断る理由がより強固になります。何も出てこなければ、「こういう点がリスクですよね？」と相手が気づいていなかったポイントを提示できるので、交渉が有利になります。

「事前の議論の中で、反対意見はありましたか？」「このプランの難易度は、10段階でどれくらいでしょう」「この案が失敗するとしたら、何が原因でしょうか？」といった問いかけも便利です。仮にあなたの中で懸念点が明確になっていなくても、**お互いが自然にマイナスな未来を具体化していくことができるからです。**あなたの背景や根拠を伝えるだけでなく、相手から伝えてもらうための伝え方なのです。

第6章

「マイナス意見・ダメ出し」で損する人 得する人

本章の概要

ダメ出しは、お互いのポジティブな未来のためにある

プロジェクトが予定通りに進まない。チームメンバーが壁に直面している。今のクオリティに満足できない。仕事の中では、誰かに改善点を指摘しなければならない場面が多々あります。

しかし、マイナスの意見やダメ出しは諸刃の剣。少しでも加減を間違えてしまうと相手のモチベーション低下や、関係性の悪化を招くというリスクがあります。かといってさまざまなハラスメントに配慮しすぎてオブラートに包み込んでも、今度はどこをどう改善すればいいのか伝わらない。相手は迷ってしまいます。

ダメ出しの目的は、相手を傷つけることでも、ダメな部分を明らかにすることでもありません。ただの批判でもありませんし、あなたがスッキリするためでもありません。**相手の行動を変えることで、お互いがよりポジティブな未来を築くためです。**改善のための建設的な意見でなければなりませんし、行動を変えていくわけですから相手のモチベーションを損なわないことも重要です。

一方通行ではなく、双方向で伝える

マネジメントの名著として名高い『プロフェッショナルマネジャー』（プレジデント社／ハロルド・ジェニーン）にはこんな一節があります。

「人は失敗から物事を学ぶのだ。成功から何かを学ぶことはめったにない」

ダメ出しが必要な場面は失敗したとき、もしくは失敗直前でしょうから、学びのチャンスなのです。伝える側も少しイライラしたり、ストレスを感じたりするかもしれませんが、またとない機会と捉えましょう。

気をつけなくてはならないのは、成長の手助けになっているかということです。不足している部分をただ伝えるだけでは、ただの指摘です。考えるきっかけや、新しいチャレンジへのモチベーションを引き出すのがフィードバックです。

一方的に伝えるのではなく、双方向であることを大切にしましょう。相手の意見や考えを聞いたり、質問を受け付けたり、引き出したりする。そうすることで気づきを得やすくなりますし、納得感に違いが生まれます。納得すればするほど、次のアクションへのモチベーションは高まります。あなたより相手の方が考え、そしてしゃべっている。そんなダメ出しこそが理想なのです。

この章では、フィードバックの内容をどう磨き上げるかだけでなく、**相手が受け入れやすくなるような導入**もお伝えします。「ちょっと時間いい？」と何を話すのかも伏せて呼び出せば、相手は緊張するだけです。双方向の対話とは真逆です。防御モードにならないよう、優しく協力的なトーンで接することが肝心です。

また、直接的なダメ出しの得する伝え方もご紹介します。「それは良くないよ」とストレートに伝えることが本人の自覚を引き出せる場合もあります。ですが、角が立ってしまう場合の方が多いのではないでしょうか。さらには、何度伝えても効かないなんてことも。そんなときに役立つ、ちょっと異なるアプローチです。

余談ですが、ダメ出しの「ダメ」の語源は囲碁だそうです。石に囲まれていない、白黒どっちの陣地にもならないところを〝無駄な目〟という意味で駄目と呼んだのが由来です。

[マイナス意見・ダメ出し]

1

誰も動いてくれない

損

納得できません

人が動いてくれる

得

もう少しだけ、こだわらせてください

クオリティが足りない。現状のままでは進められない。結果に満足できない。必要なのはもうひと粘り。ですが、持ってきた企画の数が100に届いていないと目を通してすらもらえずやり直し……というのは過去の話。「納得できません」と率直に言うことは、相手の意見や提案を全否定する形になってしまいます。「もう少しだけ、こだわらせてください」とまずあなたの**前向きな意思**を伝えましょう。

例えば、新しいプロジェクトの企画書を見た際、「これじゃ納得できません」と言うのではなく、「この提案は面白いので、もう少しだけ予算配分にこだわらせてくださ い」と伝えます。**こだわりたい具体的な改善点**をいち早く示してしまうのです。ブラッシュアップしたい、もっと案を持ち寄りたい、深掘りしたい、など改善していこうというニュアンスのフレーズも使いやすいです。

若手の頃、とにかく案をたくさん持って臨んだものの、どれもこれもイマイチすぎて妙な空気になった打ち合わせがありました。クリエイティブディレクターの大先輩が「たくさんありがとう。ごめんね、こっちの方向じゃなかったね」と謝ってくれました。要は全否定ではあるのですが、この方向性ではないということをチームの学びとして得た、と前向きに捉えてコメントしてくれたわけです。優しさが沁みました。

［マイナス意見・ダメ出し］

2

誰も動いてくれない

損

ずっと
気になってたんだけど

人が動いてくれる

得

耳が痛いかも
しれないけど、
今言わせてね

フィードバックで大切なのは、スピードです。後から言われると「なんであのとき言ってくれなかったんだ」となります。あなたは数日のつもりで「ずっと」を使ったかもしれませんが、相手は何週間も何ヶ月もずーっとあなたが我慢していたかのように感じるかもしれません。

相手がその指摘内容を自覚していればまだ大丈夫です。問題なのは、本人の想定外の指摘をしてしまったときです。「私の仕事はずっとダメだと思われていたのか」と、過去のことまで後悔しなければなりません。これでは前向きに取り組めません。

あなたがプロジェクトチームのリーダーとして、メンバーのパフォーマンスに気になる点があるのなら、「耳が痛いかもしれないけど、今言わせてね。進捗が遅れだしているのが気になっていて」と伝えます。**なるべく早く、深刻になる前に伝えましょう。**ちょっとしたことを指摘したいだけなので、前半部分が重く感じるのなら、「きっと大丈夫だと思うけれど」と、大前提としてちゃんと期待しているという敬意のある伝え方をするのもいいでしょう。

他にも、「プレゼンをもう少しコンパクトにすると、もっと魅力的な説明になると思う」とプラスの未来を添えると、より具体的になります。

[マイナス意見・ダメ出し]

3

誰も動いてくれない

損

根本から
考え直してほしい

人が動いてくれる

得

そもそも何のために
始めたんだっけ？

このままでは良くないから、全体をやり直したい。大きな転換点です。このとき、「根本から考え直してほしい」という伝え方の問題点は、ここまでの過程の全否定に聞こえてしまうところです。そしてそれ以上に、他人事のように聞こえてしまうところです。今のままではダメなのでそう言いたくなる気持ちも分かります。ですが、あなたにもその責任の一端はあるはず。「根本から考え直そう」「ゼロベースでやってみよう」「ガラガラポンで」など、どれも責任を押し付ける伝え方という印象が拭えません。

「そもそも」という**質問形式でアプローチすることで、相手はもちろんあなた自身も原点に立ち返り、もう一度検討をやり直すことができます。**

例えば、商品開発のプロジェクトチームのメンバーが方向性を見失っていると感じた場合、「そもそもこのプロジェクトは何のために始めたんだっけ？」と問いかけます。メンバーはプロジェクトの目的を再確認できるでしょうし、あなた自身も同じく一員として考え直すことができます。もし課題が明確なのであれば、「元々はこんなターゲットに届けたくてスタートしたプロジェクトですよね？ 今の味わいで本当にターゲットに刺さるのか、もう一度話し合いましょう」と仕切り直すのもよいでしょう。

［マイナス意見・ダメ出し］

4

誰も動いてくれない

損

悔しくないのか？

人が動いてくれる

得

ゴールを決めよう

世の中にはさまざまなハラスメントがありますが、グレーゾーンの一つに**感情の決めつけ**があると思います。「悔しくないのか？」が典型例です。「こんな状況を普通は悔しいと思うはずだ」という風に、相手の感情を決めつけているわけです。こういう言い方で火がつく人もいるかもしれませんが、「はい、悔しいです」以外の回答を認めない圧迫感を煩わしく思う人も結構いるのではないでしょうか。

もっと頑張ってほしい、と思ってしまうときに起きているのは**ボーダーラインのズレ**です。ＯＫとＯＵＴ、ＧＯＯＤとＢＡＤの境界線があなたと相手でズレているわけです。あなたはもっとやれるはずだと思っていても、相手はかなり無理をしている状況かもしれません。ですから今やるべきなのは、相手の感情を煽ることではなく**ボーダーラインをすり合わせることです。**

例えば「ゴールを決めよう」と切り出し、何を達成することがお互いにとって重要なのかを話し合ってみましょう。ゴールというと中長期のイメージがありますので、もう少し短期間の場合は「次のアクションをどうするか、話し合おう」と目の前の取り組みについて話し合うのもいいでしょう。相手とこちらの具体的な目標をやりとりして初めて、お互いのボーダーラインのズレを修正できるのです。

[マイナス意見・ダメ出し]

5

誰も動いてくれない

損

今回の対応は良くなかったです

人が動いてくれる

得

次回に期待しています

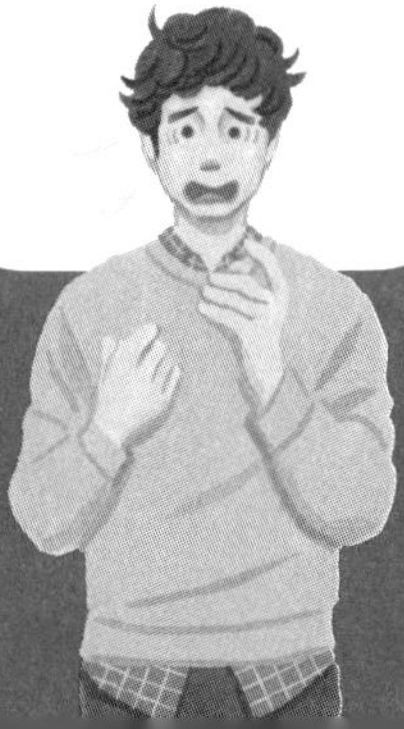

相手に対して、忌憚なく意見することは仕事において重要です。建前ばかりでは、進む仕事もうまくいかないでしょう。ですが、「今回の対応は良くなかったです」という単刀直入な指摘は、ネガティブな印象が先に来てしまいます。本人もうっすら自覚しているのなら、なおさら断罪しているようにも聞こえます。となると、「改善の余地がありましたね」と柔らかく伝えることも良いですが、思い切って「次回に期待しています」と**まだまだ次のチャンスがあるという大前提を先に伝えてしまうのがおすすめです。**

例えば、顧客対応が不適切だった場合、「次回はもっと迅速な対応を期待していますす」と伝えるのです。今回の失敗を糧に、ぜひ次もしっかり取り組んでほしい。そんなあなたからの期待をまず伝えておくのです。先が見えない不安というのは非常に大きいですから、このアプローチは、相手に対する期待を明確にしつつ、過去のミスを乗り越えるためのチャンスを提供するわけです。ちなみに、だからといって「次は頑張ってね」だけではいけません。何がダメで、何を改善しないといけないのかが分からないままでは、それこそ先が見えない不安だけが募ってしまいます。

[マイナス意見・ダメ出し]

6

誰も動いてくれない

損

意見してもいいですか？

人が動いてくれる

得

ちょっと違う考え方をしてもいいですか？

会議の中で、他の参加者は賛成しているけれど、どうしても気になる点がある。こういうとき、遠慮なく意見できる方はこのページを飛ばしてください。「自分が気にしすぎなだけかも」と、つい意見を押さえ込んでしまう方は、「意見してもいいですか？」というストレートな物言いにこそ緊張してしまうこともあるでしょう。そんなときは「ちょっと違う考え方をしてもいいですか？」と提案してみましょう。「私が気にしすぎなだけかもしれませんが」と前置きする方もいますが、それだと言われた方は「気にしすぎなのか」というモードで話を聞いてしまうため、フラットになりにくいです。「違うアプローチで考えてみたのですが、どう思いますか？」など、**あえて方向性をズラした議論を呼びかけるのです。**もし、多角的に検討すること自体を嫌がられてしまった場合は、それこそ要注意です。改めてきちんと気になる点を持ちかけ、全員で話し合った方がいいはずです。

仮定を持ち込むのもよいでしょう。あるプロジェクトの進行について議論しているときに、「パートナー企業のA社の協力が得られなかった場合が気になるのですが」と**もしもの場合を設定してみるのです。**そこまでの議論のモードを切り替えられますし、リスクなどネガティブな側面の議論も始めやすくなります。

[マイナス意見・ダメ出し]

7

誰も動いてくれない

損

それは違うと思います

人が動いてくれる

得

企画を深めるために、あえて反対のことを言いますね

言いにくいことを言わなければいけないとき、そしてそれがあなたにとって負担であるときは、**キャラ設定**を利用しましょう。**「目的があって、あえてこういうことを言っている」**というキャラ設定を先んじて相手に伝えるのです。

検討の場で「それは違うと思います」と、言いにくい場面はよくあります。それが目上の人へとなればなおさらです。相手の意見を否定する形になり、拒絶する態度を取られてしまうことだってありえます。いつもネガティブなことを言う人だ、と思われてしまってもいけませんよね。そこで、「企画を深めるために、あえて反対のことを言いますね」と前置きをしてみるのです。

例えば、プレゼンテーション資料について検討する場面で、「その構成は違います」と言うのではなく、「説明をより分かりやすくするために、あえて反対の視点を考えてみたのですが」と切り出します。あえて業界に詳しくない人への説明を想定してみるなど、前提が変われば議論も変わります。あなたの意見が少数派ではなくなるはずです。

言いにくい意見のときほど、その先にあるプラスの未来に触れることはあなたの意見を聞きやすくするきっかけとなるはずです。

［マイナス意見・ダメ出し］

8

誰も動いてくれない

損

もう少し具体的な
指示をください

人が動いてくれる

得

例えば、
こういうことですか？

「もう少し具体的な指示をください」というのは、思うことはあっても言いにくいですよね。それが上司や取引先となればなおのこと。ですから、「具体的にはどのあたりが気になりますでしょうか？」と柔らかく尋ねることになるわけです。これ、実は注意が必要です。回数制限があるのです。

何度かこういう質問が続いてしまうと、どうしてもこちらが一方的に受け取るような伝え方ですので、相手には「もう少し自分でも考えてほしいな」という気持ちが芽生え始めます。「なんでこんなに意図が伝わらないんだろう」と疑心暗鬼になるかもしれません。すこし大袈裟な展開ですが、とはいえ何度も使える伝え方ではないのです。

優秀な人ほど、この具体的な指示の引き出し方が多種多様です。「例えば、こういう点が課題ですかね」と仮説を示し、ズレを議論する。「こんな事例がイメージに近いでしょうか」と参考例をもとに判断基準を揃えてみたり、「例えばこういう角度で分析してみますか」と具体的なやり方を提案してみたり。**大事なのは、相手からの指示を待つ前に、こちらで想定して提示してしまうことです。**抽象的な指示を具体的な行動に変換する、その手助けをするのです。ときどき「想像以上」が生まれるのも醍醐味です。それは思いつかなかった、やってみよう、と相手に火を点ける伝え方でもあるのです。

第7章

「注意・叱り方」で損する人 得する人

本章の概要

■感情的に叱ることは、百害あって一利なし

注意は、人の成長に不可欠です。つい同じようなミスをしてしまう、対応の仕方を間違えてしまう、そんな思考や行動のクセが、指摘されることで修正されていくからです。自分だけでは気づきにくいクセや歪みを改善するきっかけとなるわけです。何が不足していて、どう対処すればいいのか。そのヒントとなるのが、注意なのです。

一方で、叱ることにメリットはありません。むしろネガティブな影響が多すぎるのです。例えば、代表的なものだけでもこんなにあります。

・モチベーションの低下：行動を変えることより、回避を優先してしまう
・自信の喪失：頻繁に叱られるほど自己肯定感が下がってしまう
・防御的な態度の強化：前向きになれず、対話や改善が停滞してしまう
・ストレスの増加：本人はもちろん、それを聞いた周囲にもストレスに
・信頼関係の破壊：信頼が弱まり、お互いの協力が難しくなる
・創造性の抑制：新しいことに失敗はつきものなのに、リスクを避ける
・行動の一時的改善：一時的には効くものの、すぐ戻ってしまう

ついつい「どうしてこんなこともできないんだ」と叱りたくなったのだとしたら、これらの失うものの多さを思い出してください。**感情を込めたコミュニケーションは重要ですが、感情的ではダメなのです。**

およそ500もの会社の設立や育成に携わり、新しい一万円札に肖像として描かれている渋沢栄一が残した言葉の中に、「学ぶ事はすなわち行う事である。行う事はすなわち学ぶ事」という言葉があります。学ぶだけでは足りず、行動が伴って初めて意味がある。叱ることは行動を起こしづらくするので、学びをフィードバックしているよ

うに見えて真逆の結果を生んでいる、まさに損する伝え方です。

どうしても怒りをぶつけてしまいそうになったら、せめて**お気持ち表明**に留めましょう。私の今の感情はこうなっている、ということを表現するわけです。

例えば大きく予定が狂う事態になってしまって、「私はとても残念に感じています」と、あなたの感情を伝えるだけに留めておきましょう。「自分が何をしたか分かってるのか」などと叱責しても、ただ状況を悪化させるだけなのです。

■注意とは、ポジティブな未来に足りないピースを指摘すること

注意というと、ダメな点をピンポイントで指摘するイメージがあるかもしれません。ですが、**大切なのはポジティブさ。**指摘することがゴールなのではなく、**より良くすることがゴール**のはず。大前提となるのは、目指すべきポジティブな未来を相手と共有し、そこへ向かうモチベーションを高めることです。

外資系のクライアントへ企画をプレゼンしたときのことです。

まず、ものすごくほめられました。「この短期間でここまで仕上げてくれたただなんて」「どの案も独創的だ」という具合です。その上で、改めて未来の話が始まります。「自分たちはこういうビジネスゴールに向かって試行錯誤している」「とても困難だが、現状を変え、今までにない未来を形にしたい」と、**プロジェクトの初期から変わらず伝えてくれていた未来を改めて共有される**わけです。

そしてようやく、フィードバックが始まります。「この案のこういうところには可能性を感じるが、デジタルなど統合キャンペーンとしてつながりが弱い」「この案はキャスティングが素晴らしいが、キャストの魅力を十二分に引き出せているだろうか」と、何が足りていないのか明確なフィードバックは、最後の最後なのです。これ、順番が逆だとどう感じるでしょうか。もしくは指摘だけだったらどうでしょう。だいぶ印象が違いますよね。


注意では、プラスの未来と、そこへ至るために足りないピースを伝えましょう。ただダメなところだけ指摘するのは注意ではなく、不満をぶつけているだけです。

［注意・叱り方］

1

誰も動いてくれない

損

もっと気をつけて

人が動いてくれる

得

次からこうすると
もっと良くなる

「何かが足りない」と言われて、前向きに頑張れるかというと難しいでしょう。具体的に何をどう改善すればよいのかが曖昧だからです。**注意で大事なのは、ポジティブな未来と具体的なポイントを伝えることです。**「次からこうするともっと良くなる」という表現は、具体的なアドバイスと行動の指針を示すことができます。

例えば、プロジェクトの最中に「会議の進行、もっと気をつけて」と伝えてもあまり意味はありません。「もうちょっとテキパキとね」というのも、何がどうなればテキパキなのか解釈は人それぞれなのでもったいない。**何が課題で、変えるとどうなるのかを具体的に伝えるわけです。**「会議での時間配分を事前にまとめておくと、もっと議論に集中できますよ」。このように具体的な改善策を提示することで、相手は自分が何をどうすればよいのかを明確に理解できます。

曖昧なフィードバックは相手を混乱させてしまい、改善の妨げになると言われています。こちらの意図を探る手間が生まれてしまうからです。

一方で、具体的なフィードバックは相手のモチベーションを高める効果があります。具体的な指示を受けると、相手は自分が何をどうすればよいかが明確になります。課題がスッキリするわけです。

［注意・叱り方］

2

誰も動いてくれない

損

なんでできないの？

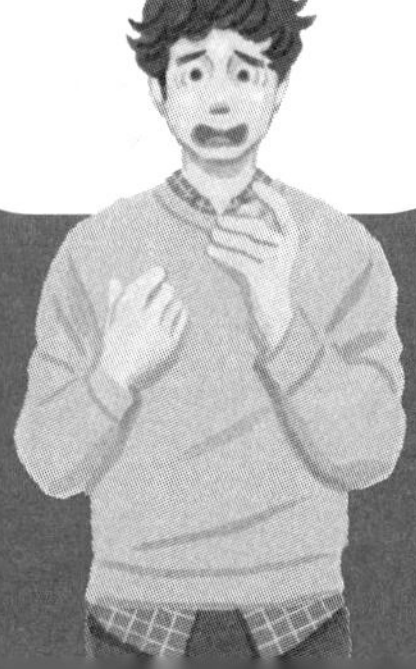

人が動いてくれる

得

できる方法を一緒に考えよう

「なんでできないの？」は、きっと感情が高ぶって口をついてしまった言葉でしょう。問い詰めるような言い方に、疑問形。これはもうトゲが強すぎます。相手は心を閉ざし、意欲を失ってしまいます。**感情的になるのではなく感情を前向きに使って、「できる方法を一緒に考えよう」と伝えてみましょう。**

例えば、業務の進捗が遅れている部下に対して「なんでスケジュール通りにできないの？」と指摘しても、モチベーションが高まることはありません。その改善に、私は協力したいのですと提案してみてください。より具体的に、「特にこのタスクをどう効率化できるか一緒に考えてみましょう」というのもよいでしょう。

手を差し伸べることは、人を動かすとてもパワフルな原動力になります。共感をもって接することで信頼関係が深まり、協力への足掛かりとなります。「できる方法を一緒に考えよう」という言葉は、まさにその共感と協力をお互いのモチベーションに変えていくアプローチなのです。

もう一つ大事なのは、相手の自己効力感を高めることです。**自己効力感とは、自分が目標を達成できると信じられること。**あなたが協力的な姿勢を示せば、相手は支援を受けながら成功できるという安心感を持ちやすくなります。

［注意・叱り方］

3

誰も動いてくれない

損

また同じミスしてるよ

↓

人が動いてくれる

得

前回と今回で変えたところは何？

ミスを繰り返してしまう相手に、容赦ないことを伝えても前向きな気持ちを削いでしまうだけです。最近は**心理的安全性**という言葉も知られるようになりました。失敗したタイミングでその結果だけを指摘すると不安を助長し、相手は周囲からの評価を恐れるようになってしまいます。**失敗を繰り返してしまったときこそ、前向きなフィードバックのチャンスです。**

例えば、部下が報告書作成での失敗を繰り返してしまった場合、「前回と今回の集計プロセスで、変えたところはどこですか？」と問いかけてみてください。振り返るきっかけを作るわけです。相手は自分の行動を振り返り、どの部分が改善されているのか、どの部分にまだ改善の余地があるのかを考えるようになります。いざ聞かれてみると、「あれ、あんまり前と変えてなかった」ということもあるでしょう。あなたにとっては、**具体的な改善ポイントを見つけ出すヒアリングでもある**わけです。

失敗は成功のもと。七転び八起き。禍を転じて福と為す。よく耳にする当たり前のフレーズですが、時代を超えて語り継がれているということはそれだけ失敗から成功するのは難しいということ。怒りに任せて厳しい指摘を突きつけるのではなく、成長に変えるきっかけを生み出すような伝え方を心がけてみましょう。

[注意・叱り方]

4

誰も動いてくれない

損

君にはまだ早い

人が動いてくれる

得

高い目標だから、
課題を整理してほしい

サントリーで長年受け継がれている価値観の一つに、「やってみなはれ」があります。創業者の鳥井信治郎さんの言葉で、グループの理念体系ではこう紹介されています。

〝失敗を恐れることなく、新しい価値の創造をめざし、あきらめずに挑み続けること。〟

「やってみなはれ」が挑戦する人の背中を押す言葉なら、「君にはまだ早い」は腰を折る言葉です。なんでもかんでも挑戦すればいいわけではありませんが、挑戦しようとする意欲を否定してはいけません。

必要なのは、**リフレーミング**です。**「能力が足りていない」のではなく「対策が足りていない」と捉え直す。**その人の能力ではなく、取り組み方だけが課題だとリフレーミングすることで、相手のモチベーションを維持しつつ、具体的な改善点を話し合うことができます。

「新しいプランに挑戦したい」と言う部下に対して、「まだ早いよ」という否定的なフィードバックは避けましょう。「その分野で競合と差別化するのはとても高い目標だから、まずはリサーチをしっかりしてみよう」と伝えて、次のステップへと進めていくわけです。

［注意・叱り方］

5

誰も動いてくれない

人が動いてくれる

損

なんで
そんなことするの？

←

得

いつもの
○○さんと違いますね

理由や動機を尋ねる。自然な指摘のようにも思えますが、**問い詰めているように感じられやすいという欠点**があります。「どうしてそんなことも分からないのか」と、見下すようなニュアンスを感じやすいからかもしれません。遅刻のワケなど、理由をどうしても聞いておきたい場面ならいざ知らず、相手のミスの理由を聞いてもあまりフィードバックの役には立ちません。

たしなめたいのであれば、遠回しに理由を聞くよりも「いつもの◯◯さんと違いますね」と切り出してみましょう。**相手の普段の良い行動を、まず認める。**その上で、現在の行動に疑問を感じていることを伝えるわけです。

気をつけなくてはならないのは、嫌味に取られないようにすることです。「いつもの◯◯さんらしくないですね。レポート、手伝いましょうか？」とサポートを申し出るきっかけにしてもいいですし、「もしかして他の業務が忙しくて、時間を取れなかった感じですか？」と原因を取り除けるよう話を聞いてもいいでしょう。

非難から入らず、まず、相手のいつもの良い面を認める。そうすれば相手も、ミスの背景や置かれている状況を相談しやすくなるはずです。あなたの方から積極的にワンクッション挟むことで、建設的な空気を作り出していきましょう。

[注意・叱り方]

6

誰も動いてくれない

損

頑張ってはいるんだけど

人が動いてくれる

得

次回はここに取り組んでみましょう

一見すると相手の努力を認めているようですが、なにせ否定するのが早すぎます。**日本語は、文章の最後まで聞かないと肯定か否定かが分かりにくい構造**になっています。「ご提案内容をもとに、社内で検討を重ね、慎重に協議をした結果、不採用です」という文を見ると分かるように、最後の最後までポジティブかネガティブか分かりにくいわけです。だからこそ、私たちは**接続詞に敏感**です。もし「ご提案いただきましたが、」と始まれば、なんとなく悪い結果が待っていそうな気がしますよね。しかし、けれども、にもかかわらず、でも、ですが、といった逆接は、その短い一言でかなりのネガティブインパクトを持っているのです。

業務報告を提出した部下に対して、第一声で「よくできてはいるんだけど、」と伝えてしまうと、相手の頭には「よくできている」というポジティブな部分は全く印象に残らないでしょう。せっかく頑張ったのに、すぐ否定された、なんなら全然ダメだったとさえ感じてしまうはずです。**逆接の接続詞は、使わずに済むなら使わずにいきましょう。**「この短時間で作り上げたとは思えないね。論点が多いので、過去の事例との比較も追加しておこう」というふうに、さらっとフィードバックにつなげても意外と違和感はないものです。

［注意・叱り方］

7

誰も動いてくれない

損

注意力が足りない

人が動いてくれる

得

数字はダブルチェックしましょう

具体的なアクションを伝えましょう。相手の足りないところを指摘するのではなく、やるべきことを指摘するわけです。注意力、集中力、努力、スキル。そういった一朝一夕で身につかないものを足りないと言ってしまうことは、相手が積み重ねてきた日々を丸ごと傷つけることでもあります。

例えば、報告書に間違いが多い社員に対して、「次回の報告書では、数字をダブルチェックしてもらえると助かります」と伝えてみてください。**具体的な行動を示すことで、相手の中に基準ができあがります。**基準が変われば、行動も変わり、アウトプットも変わるはずです。**お互いの中に新しいルールを設定するイメージです。**

コピーライターの世界では、100案という基準が昔からよく使われています。1回の打ち合わせに、100個のコピーを持っていく、という考え方です。これはその数字に意味があるのではなく、それくらい考えないといいアイデアは出ないという基準ができあがるところに意味があるわけです。

抽象的な注意ではなく、具体的な指示を出すことは非常に強力です。「数字はダブルチェックしましょう」「要点はA3一枚に」「議事録は会議前に構成を書いておく」など、具体的で行動指針となる伝え方ならブレも起きにくくなります。

［注意・叱り方］

8

誰も動いてくれない

損

ここが失敗の原因です

←

人が動いてくれる

得

こうすると良かったと思う点はありますか？

答えを告げるのではなく、引き出してみるという伝え方です。仕事では一方的な評価ではなく、共に改善していくことが求められます。「失敗の原因はここですね」と原因を鋭く解き明かすことでプロジェクトは前進するかもしれません。でも、相手はどうでしょうか。また同じような事態に陥ったとき、あなた抜きで原因を特定していけるでしょうか。

目の前の相手に対して、まずは自己反省を促してみましょう。それも、ぜひ建設的な聞き方で。相手が行動を見直し、具体的な改善点を見つけられるよう一緒に検討していくわけです。重要な提案準備が思うように進まなかった場合、「どの部分が特に難しかったですか？」と問いかけてみてください。「次回はどう改善したらよいと思いますか？」と尋ねるのもいいでしょう。

フィードバックは一方的ではなく、キャッチボールのようなやりとりが必要です。LINEヤフーでは、毎日のように同僚と1on1という個別に対話する時間が設定されています。そこでは指示よりも、対話が重視されています。お互いが対話によって状況を整理し、具体的な改善点を見つけるわけです。こうして自ら改善点を見つけ出せれば、次からもしっかり対応していけるはずです。

[注意・叱り方]

9

誰も動いてくれない

損

夜遅くまでうるさいです

人が動いてくれる

得

明日、朝早いんです

交通事故のニュースを見て、胸が痛くなる。恋愛リアリティショーで、恋の行方を応援してしまう。人には共感というスイッチが備わっています。そのスイッチがいざ押されると、他人の行動が自分に影響を及ぼし始めます。あなたが誰かに非常に言いにくい注意をしなければならないとき、**どうすれば相手はこちらに共感してくれるかを考えてみるのがおすすめです。**

近所の人が夜遅くまで騒いでいるとき、注意しにくいですよね。「すみません、明日の朝早くから仕事があるので、夜は少し静かにしていただけると助かります」と伝えてみてください。こちらの事情をオープンにすることで、相手は状況を理解しやすくなりますし、過去に似た経験があれば一気に共感のスイッチが押されるはずです。

ポイントは、未来を伝えることです。このままではこんなマイナスな未来が起きてしまう。本当は、こんなにプラスな未来がやってくるはずだった。そういう先を知ると、今の行動が与える影響を再評価するからです。運動不足のパートナーに「運動しなきゃダメだよ」と伝えてもなかなか動いてくれないかもしれませんが、「運動しないと家族や友人にもこんな影響が出てしまう」と言えば、相手が状況を見つめ直すきっかけになります。

第8章

「報告・相談」で損する人　得する人

本章の概要

■報告も連絡も相談も、全ては3つの目的に集約される

報告・連絡・相談。この3つをよく「報連相（ほうれんそう）」とまとめて呼びます。今ではすっかり浸透しているこの言葉、1982年に当時の山種証券社長だった山崎富治さんが提唱したものです。社員が1000人を超えてきたため、企業文化を進化させたい。その思いから編み出されたのが報告と連絡と相談を推進すること。40年以上の歴史があるわけです。（余談ですが、報連相により会社に力をつけてくれる人のことを〝ポパイ社員〟と呼んだり、イエスばかり言う人間だらけでは報連相文化が育たないことを「賛成」と「酸性」をかけて〝ほうれんそうは賛成土壌には育たない〟と

表現したり、ムーブメントを広めるため社内で本当にほうれん草を配ったりしたそうです。いずれも記憶に残るキャッチーさがありますし、浸透させるための地道な努力の大切さを痛感します。）

これだけ長く親しまれ、浸透もしている報告・連絡・相談ですが、忘れてはならないのがその目的です。何のためにするのか、目的をはっきりさせておかないと思うような結果につながりません。伝え方が曖昧になってしまうのはもちろんですが、こちらはアドバイスが欲しくて伝えたつもりが、受け取った方は単なる連絡だと思ってしまうといったすれ違いが起きてしまうからです。目的は大きく3つあります。

①意思決定：議論を行い、今後の進め方を決めたい
②情報共有：情報を知ってもらいたい。関連情報を教えてほしい
③フィードバック：アドバイスをもらい、より良い打ち手を考えたい

あなたが今必要なのは、この中のどれでしょうか。まずは自分の中ではっきりさせておきましょう。

ちなみに、報告・連絡・相談は「報告」から始まっているので対上司向けと思ってしまいがち。実際は、同僚・部下・関係部署・取引先など相手は多岐にわたります。この章でも、上司に限らずさまざまな相手に伝えることを前提に構成しています。

■報告も相談も、まず目的を伝えてから

「愛の反対は、憎しみではなく無関心」と言いますが、広告では**「面白いの反対はつまらないではなく分からない」**と教わります。どういうこと?と分からなくなってしまった時点で、感情は急に動きにくくなってしまう。この観点は、こちらから情報を伝えていく報告や相談において、とても重要ではないでしょうか。

伝えられる側が「分からない」と思った瞬間、3つの目的からどんどん遠ざかってしまいます。案件の背景が分からない。どこに悩んでいるのか分からない。情報が多すぎて、大事なポイントが分からない。いろいろありますが、特にまずいのは**何をしてほしいのか分からない**ことです。3つの目的のどれが必要なのか。ここは、きちんと冒頭に伝えるようにしましょう。「本日は予算配分についてフィードバックをお願い

したいので、現時点の見積もりについてまず共有します」といった具合です。

相手のモードを、こちらで指定するイメージです。情報共有なのでただ聞いていればいいのか、意思決定が必要なのかではモードが変わります。お互いの認識をしっかり揃えておいてから始めると、スムーズになります。

余談ですが、「愛の反対は無関心」ということの言葉。日本ではマザー・テレサが残した言葉として有名なのですが、海外では1986年にノーベル平和賞を受賞した作家のエリ・ビーゼルの言葉として浸透しているそうです。この一文のあと、アート、信仰、そして人生の反対も無関心であると続きます。

■ひと手間かける「下ごしらえ」で一気にスムーズになる

前回の議論のポイントを、最初に振り返る。資料の中で変更したパートのみ抜粋し、画像で添付しておく。情報をテキストやグラフで伝える際、要点を太字にしたり色を変えたりして目立たせておく。こうしたひと手間がものすごく効果的なのが、報告や相談です。

あなたが意思決定やフィードバックを求める相手は、おそらくその仕事だけでなくさまざまな案件で重要な役割を果たしている、仕事のできる方なのではないでしょうか。そういう相手は、ほぼ間違いなく多忙です。

だから、あなたからだけでなくいろんなところから報告や相談を日々大量に受け取っているはずです。**あなたがその作業の一部を先回りして済ませておく、いわば「下ごしらえ」を行っておけば、相手には検討に集中する時間と余裕が生まれます。**結果的に進行がスムーズになり、あなたの求める目的達成に近づくことができます。

毎回そこまでやるなんて面倒だ、と思われるかもしれません。ですが、結論が出ずに次週に持ち越しになることや、十分に検討できずベストな意見を引き出せないリスクに比べれば、よっぽど楽な苦労です。

準備の際、**だいぶまとまってきたというタイミングで一度だけ**、心配しすぎなくらいネガティブに振り返ってみるのがおすすめです。相手は前回の報告内容をすっかり忘れてしまっているかもしれない。資料が多すぎて、本当に大事なところに時間をかけられないかもしれない。他が忙しくて、こちらが後回しになるかもしれない。検討に必要な情報を、まだ揃えられていないかもしれない。キリがないように思えるかもしれませんので、3つの目的別に、振り返りに役立つ観点を挙げておきます。

●意思決定の場合
・案件のゴールは？
・現状の選択肢は？
・それぞれのメリット・デメリットは？
・想定されるリスクは？
・いつまでに決断が必要か？
・決断において他に考慮すべき情報は？
・決断してもやり直しできるか？　できないなら、なぜか？
・前回までの議論は？
・先に検討したチームの推奨は？　その根拠は？

●情報共有の場合
・特に重要な情報は？

・いつの時点の情報か?
・情報の出典/調査方法/調査規模は?
・情報による示唆/仮説はあるか?
・情報を何のために使用する予定か?
・比較対象となる別の情報はあるか?
・今後、他の情報は追加されるか?
・情報の前提/内容が今後変わる可能性はあるか?
・情報の単位/色分けは統一されているか?

●フィードバックの場合

・案件のゴールは?
・どの部分にフィードバックが必要か?
・何に悩んでいるのか?
・担当者の狙いは?
・どのような試行錯誤を行ったか?

・どれくらい細かいフィードバックが必要か？
・再度フィードバックする時間／余裕はあるか？
・今後のアクションプランは？
・他からもフィードバックはあったか？

[報告・相談]

1

誰も動いてくれない

損

相談させてください

←

人が動いてくれる

得

○○さんのアドバイスをいただきたいです

目的を最初に伝えてしまいましょう。報告・連絡・相談はあくまで手段。そのまま伝えるのではなく、アドバイスを求めているので相談したいと伝えてみましょう。相手も趣旨を瞬時に理解できます。具体的にお願いできれば、何を求められているのかすぐ理解できるので相手の判断もスムーズになります。

具体的な事例を考えてみましょう。例えば、プロジェクトの進行中に問題が発生したときに、「相談の時間をいただきたいです」とだけ頼むと、相手は意思決定なのかフィードバックなのか目的が読めず、一瞬構えてしまいます。状況が深刻なのかと妄想も始まってしまいます。「○○さんにこの案件についてアドバイスをいただきたいです」と伝えれば、目的がすぐに共有されます。相談以外の場合も、承認してほしいのか、議論して決断してほしいのか、単に情報共有したいのか、目的を先に伝えるとよいでしょう。

時には、経験や知識が門外不出のため、気軽に聞きづらい場合もあるでしょう。**そのときはぜひ未来を添えて伝えてみてください。**「企画の実現性が論点となっており、このままでは案件を競合他社に奪われてしまいます」といった背景を共有すれば、相手にも優先度が伝わり、心を動かすきっかけとなります。

［報告・相談］

2

誰も動いてくれない

損

困ったら相談してね

←

人が動いてくれる

得

相談するか迷ったら相談してね

習慣化のコツの一つに、If-Thenというテクニックがあります。朝起きたら英単語アプリを開く、というふうに「もしこうなったら、こうする」と決めてしまうのです。この方法は、相手に何かしてほしいときにも役立ちます。誰かに相談や報告をしてほしいときは、このIf-Thenをどう設定するかが鍵です。

「困ったら」というのは一見親切に見えるものの、問題が深刻化してからようやく相談されてしまうリスクがあります。たいてい、相談してほしいのはもっと手前の状況ではないでしょうか。そこで、より早期に相談してもらえるよう「相談するか迷ったら相談してね」と言い換えてみてください。問題が小さいうちに相談しやすくなり、大きな問題に発展する前に解決策を見つけることができます。同じように、「資料ができたら見せてね」ではなく「構成ができたら、箇条書きで見せてね」と具体的なラインを設定するのもいいでしょう。「3回直してもバグが消えないときは聞いてね」「今日の17時までやってみてね」と、回数や制限時間を定めてあげるのも効果的です。

人によって「これは困った」という判断は異なります。定義が属人的になるものを報告や相談のIf-Thenに使ってしまうとトラブルの元。相手は言われた通り困ったから相談したのに、あなたは相談が遅いと感じてしまう。最悪のすれ違いですよね。

［報告・相談］

3

誰も動いてくれない

損

対策を
話し合わせてください

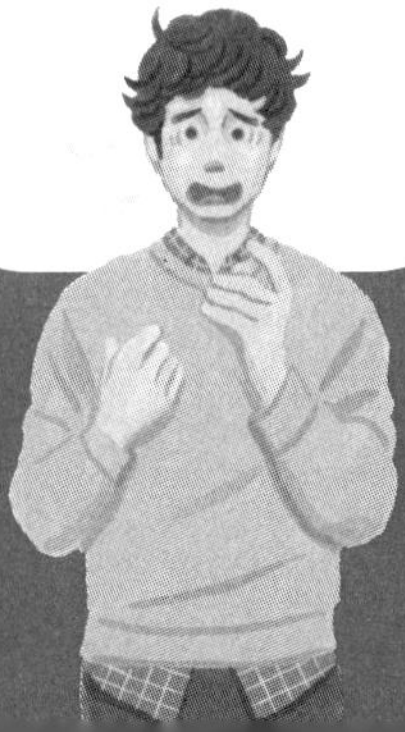

人が動いてくれる

得

作戦会議しましょう

似た意味で使っている言葉にも、実は明確な違いがあります。省略は〝短く簡潔にするため省くこと〟ですが、割愛は〝惜しいものを泣く泣く省くこと〟です。他にも、すでにある取り組みに加わることが参加、計画から加わるなら参画、と明確に使い分けている企業もあります。関東地方と首都圏の違いは、山梨県を含まないか含めるかです。

話が逸れました。「対策を話し合わせてください」と「作戦会議しましょう」、どちらも言いたいことは似ています。どうするか相談して意思決定したいわけです。ですが、**会議という言葉なら、全員参加でという意図を強調することができます。**急ぎのニュアンスや、意見を出し合う感じも出せますから、言われた方もその心持ちで会議に臨めるわけです。

CM制作の現場では、実際の撮影の直前に「オールスタッフミーティング」という会議が組まれます。抜け漏れがないか、目指している世界観にズレがないか、制作に関わる全員で確認するから、わざわざ「オールスタッフ」と名前がつけられているのです。

「事前ミーティング」と言って集まるより、どういう場を目指しているのか会議名にひと工夫するだけで、グッと伝わりやすくなります。

[報告・相談]

4

誰も動いてくれない

損

前回もお伝えしましたが

人が動いてくれる

得

前回の振り返りです

自尊心を傷つけてしまう。これは損する伝え方の典型例です。「前回もお伝えしましたが」という言い方では、相手に対して「言いましたよね？」「覚えてますよね？」と責めるような印象を与えてしまいます。私は言ったはずですが、というニュアンスがあり、まるで自分の責任ではないというようなトゲのある伝え方になってしまうわけです。ただの確認のために挟んだ言い方で損をするのは、もったいないだけ。さらっと「前回の振り返りです」と始めてしまいましょう。

では、もし参加者から「この点はどうなっているのか」と、前回伝えた内容を聞かれてしまったらどうすればよいでしょうか。気づかぬふりをして説明してもよいですが、ちょっとしたことで前回の場面を思い出すこともあるでしょう。「前回の説明と重複するかもしれませんが」や「前回議論となったポイントですね」と注釈を加えれば、まるまる説明する手間を省けるかもしれません。

ビジネスの状況は日々変わっています。前回と今回では、前提や必要条件がガラリと変わっていることも珍しくありません。**前も伝えたのに、という他責思考では苦しいだけです。**相手もこちらも、柔軟に対応していくものだと前向きに捉えて、臨機応変に受け答えしましょう。

[報告・相談]

5

誰も動いてくれない

損

資料の確認をお願いします

人が動いてくれる

得

確認ポイントを以下に抜粋いたしました

下ごしらえがあると、格段にスムーズになるのが確認です。表紙から補足パートまで舐めるようにチェックしてほしい場合はさておき、基本的に意思決定やフィードバックが必要なポイントは極めて限られるはず。そこを先に明示してしまいましょう。「資料の確認をお願いします」という依頼は、どこを確認すればよいのか相手任せに思えてしまい、損する伝え方です。「確認ポイントを以下に抜粋いたしました」と、ポイントを箇条書きにしておく。**たったこれだけで、相手は何を見ればいいのか一目瞭然です。**他にもいろんなやり方があります。資料を修正したページだけ、スクリーンショットで添えておく。「事前に◯◯さんからデータの解釈と指摘があり、修正しました」と判断の参考になるような事前情報を付け加える。こうした下ごしらえで、相手は本当にやるべきことにフォーカスできるようになります。

報告書を作成する際にも、そもそも資料の中に全体の要約を入れたり、更新履歴を載せたり、具体的にしましょう。チームメンバーは確認すべきポイントを瞬時に把握できます。相手の時間を節約するだけでなく、誤解も減らすことができます。

［報告・相談］

6

誰も動いてくれない

損

了解です

人が動いてくれる

得

報告してくれてありがとう

「了解です」という一言は、個人的にですが、Slackのスタンプで一番使っているものかもしれません。報告は日常的に発生しますが、頻出ワードとも呼ぶべき定番フレーズは他にもあります。「承知しました」「問題ありません」「分かりました」などなど。**気をつけなくてはならないのは、それしか使わないことです。**コミュニケーションが単なる業務連絡に終始してしまうと、「その人のために頑張ろう」という前向きな変化は生まれにくくなります。「報告してくれてありがとう」というたった一言で、相手の努力を認め、感謝の意を伝えることができます。毎回伝えるのは面倒かもしれませんが、時折言い換えるだけで印象はグッと変わります。

例えば、プロジェクトの進捗報告を受けた際に「了解です」と言うのではなく、「いつも報告ありがとう」と伝えれば、**ただの報告受領連絡シーンが、感情を動かす瞬間に変わります。**

報告や相談の際、相手はちょっとしたあなたの言動をとても注視しています。「ちょっと遅いけど」「悪くないけど」とダメ出しを返事の最初に入れてしまうと、結構なダメージです。時間があるときに、自分のメールの返信や、チャットツールでのコメントをぜひ見返してみてください。きっと、自分の良くないクセに気づけるはずです。

［報告・相談］

7

誰も動いてくれない

損

このやり方を
教えてください

人が動いてくれる

得

○○さんなら
どう進めますか？

相談の際、気をつけなければならないのは、一方的にもらうだけに見えてしまう伝え方です。メンターとトレーニー、上司と部下など、教える側と教わる側の役割分担が明確であれば問題はありません。遠慮なくどんどん聞いていきましょう。ですが、そうでないのなら、与えてもらうだけのような伝え方では損してしまいます。

「このやり方を教えてください」という相談だと、1から10まで正しい手順を教えなくてはならないように聞こえてしまい、**教える側の負担が大きく感じられてしまう**からです。何を、どこまで、どれくらいの細かさで伝えればいいのか。本人はどのレベルまで考えているのか。そういう情報が抜けている曖昧な伝え方だからです。最悪の場合、そういう相談が続いてしまうと、「またか」とさえ思われてしまいます。

「○○さんならこのタスクをどのように進めますか」と言い換えてみましょう。**やり方を全部教えなければならないのではなく、進め方に関して自分なりのやり方をそのまま伝えればいい。そんなふうに相談している領域を絞り込むのです。**小さなハードルをこちらから設定するわけです。もちろん、自分なりの考えをセットで伝えるのもおすすめ。「私はこう考えてみたのですが」と、議論の叩き台を提案するイメージです。

［報告・相談］

8

誰も動いてくれない

損

ぜひ意見をお願いします

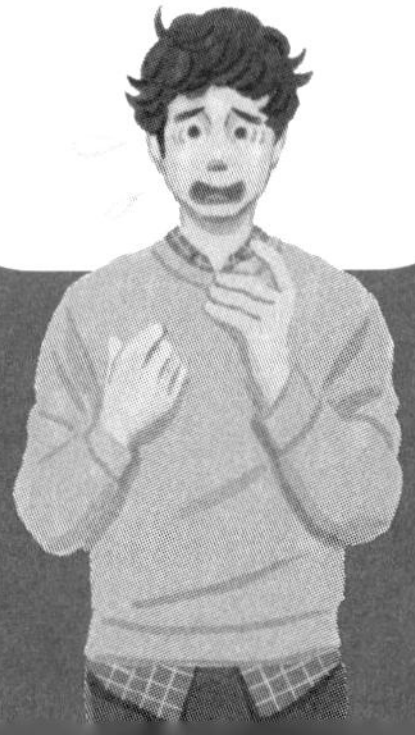

人が動いてくれる

得

……と私は考えておりますが、いかがでしょう？

広告会社にいた頃、クライアントに提案するとよく「みなさんのおすすめはどれですか」と尋ねられました。必ずと言っていいかもしれません。おすすめを伝えても、全然違う案が採用されることも多い。それでも聞かれるわけです。これ、提案をいただく側にもなった今なら分かります。**一つでも多く参考情報を集め、意思決定やフィードバックの精度を高めたいのです。**

報告・連絡・相談の3つの目的のうち、意思決定やフィードバックを求めるとき。事前の検討結果や、今の仮説、懸念点があるのなら「……と私は考えておりますが、いかがでしょう?」と率先して伝えましょう。バイアスをかけたくないから、とそういう情報を伏せる方もいらっしゃいますが、少ない情報で判断する方がバイアスに左右されやすいものです。

例えば、マーケティング戦略の提案を行う際に「この新しいマーケティング戦略について、私はターゲット層の設定が特に重要だと考えていますが、みなさんのご意見はいかがでしょう?」とポイントを明示してみましょう。ただの相談が、議論の叩き台に早変わり。「この方向で進めたいのですが、リスクがまだ他にもあるのではと考えておりまして」と状況と悩みを打ち明けることでも、論点が分かりやすくなりますよ。

［報告・相談］

9

誰も動いてくれない

損

どうしても
困っているんです

←

人が動いてくれる

得

一刻も早く
ご相談したくて

困っているときは、困っていると言いたくなるものです。ピンチのときほど、複数の選択肢を検討する余裕がなくなってしまうからです。ピンチで、対策を相談したい。そんなときに鍵となるのは、**問題の深刻さをどれだけスムーズに共有できるか。**そして対処し始めていることを共有できるかです。

例えば、プロジェクトで問題が発生したとき、「どうしても困っているんです」と言うだけでは、状況の事実をそのまま表現しただけ。正直、困っていることは伝わるものの、まだ何も対策できていない印象があります。「一刻も早くご相談したく、ミーティングを組ませていただきます」と切り出せば、**相手は問題の緊急性をすぐ理解できます。**具体的なアクションを予告すれば、迅速な対応がもう始まっていることも伝えられます。

「もっと早くご相談すべきだったのですが」と、反省の弁を組み合わせる方もいます。ですが、こういうへりくだった言い方は意外と「ほんと、なんでもっと早く相談してくれなかったの」という感情を招いてしまいますので、ご注意を。後悔や反省は、対処したあとでゆっくり伝えればよいのです。

第9章

「ほめ方」で損する人 得する人

本章の概要

■上から目線を防ぐため、賞賛ではなく感謝する

80年以上も愛読されているデール・カーネギー氏のベストセラー『人を動かす』。そこには、「まずほめる」というパートが出てくるほど、ほめるというのは普遍的な力のあるコミュニケーションです。実際、ほめてもらえたことで一気にモチベーションが高まった経験のある方も多いのではないでしょうか。

一方で、ほめることの難しさもあります。他のやりとりと異なり、個人から個人へ伝えることが多い。だから相手の個性や経験はもちろん、お互いの関係性にも大きく左右されます。過程をほめてほしい人もいれば、何より結果を評価してほしい人もい

る。**ツボが千差万別な上に、ありきたりなほめ方ではモチベーションも上がりません。**相手に合わせていく難しさのあるコミュニケーションです。

そして意外と厄介なのが、**上から目線問題**です。ほめる側とほめられる側は、そのまま上下関係のように見えてしまう。もしも、ほめる人が上で、ほめられる人が下、とあなたが考えているのなら、相手をほめようとするとついつい上から目線がにじんでしまうでしょう。プロジェクトが終わったときに「よくやってくれた」と声をかけるのはその典型ですね。

この上から目線が強くなれば強くなるほど、ほめているつもりがむしろ「次回はもっと成長していこうな」という無言の圧力をかけているように思えてしまいます。せっかくのほめが、嬉しくないものに変わってしまう。ほめた結果、逆にプレッシャーや不安を増してしまうのです。

もう一つ、ほめるコミュニケーションにはリスクがあります。**賞賛された行動から離れなくなってしまう**のです。例えば、「論点整理が的確で、あなたは優秀だね」と成果を賞賛されると、それを再現したくなってしまうのが人の性です。それだけならまだいいのです。問題は、それと異なる仕事を避けてしまうこと。仕事はケースバイケースなことがほとんどですから、本当なら整理するよりも手前の、可能性の薄い案もひっくるめて幅広く検討することに時間をかけるべき場合もあるでしょう。ですが、きちんと整理して見せたことを賞賛された経験が邪魔してしまい、柔軟な対応がうまくできなくなってしまうわけです。

ほめるのではなく、感謝を伝える。これがポイントです。「仕事が早くて優秀だね」ではなく、「最新のデータをすぐ反映してくれて、助かりました」のように、ありがとうという気持ちを伝えれば、上からではなく同じ立場からのメッセージになります。とてもシンプルですが、上から目線を避けるとても有効な考え方です。「あなたは」「あなたの」とほめるのではなく、常に「私は」「私が」を交えて言葉にするイメージです。感謝を伝えていけば、一つの行動に縛られすぎず、周囲に感謝されるために必要なことをしっかり見つめ直すようになるはずです。

■大人には、努力や能力をほめても効果が薄い

子どもに対するほめ方を研究した事例をご紹介します。

①能力をほめる（例：あなたは本当に頭がいいですね）
②努力できる人間性をほめる（例：あなたは一生懸命取り組める人ですね）
③努力をほめる（例：この課題に一生懸命取り組みましたね）

この3つの中で、どのほめ方が効果的だったでしょうか。それは、3つ目の努力をほめるアプローチ。能力をほめてしまうと、うまくいかなかったときに「自分の能力が低いんだ」と考えてしまい、さらに難しい課題に挑戦しにくくなってしまいます。努力できる人間性をほめると、今度はうまくいかないとき、「自分は努力ができない人間になってしまっている」と余計ネガティブに感じ取ってしまう。だから結果ではなく過程である努力そのものをほめることで、次もまた挑戦しよう、もっと難しいことに

挑戦しようというマインドセットが育まれていくわけです。

ところが、大人はそう簡単ではありません。大人の場合を検証したところ、努力をほめるのが効果的ではあったものの、子どもの場合のような明確な差はなかったそうです。大人は知性も高く、経験も豊富。ちょっとやそっとほめられたくらいでは、響きにくいのかもしれません。大人に対して、魔法のほめ方はありません。たった一度で事態が好転するような、そんな幻想を追い求めるのではなく、どうほめるとよいのでしょうか。

何度も伝える。本当に感じたことを、こまめに、何度でも。

大切なのは、繰り返すことです。抜群に効くアプローチや秘訣がない以上、コツコツと積み上げていくしかありません。業務に慣れようと毎日頑張っているのならその努力を、素晴らしいコミュニケーションスキルで取引先と向き合っているのならその人間性を、その人ならではの視点と思考で鋭い分析をまとめ上げているのならその能力を、何度もほめていく。

この章では、本当に感じたことを素直に伝えるための伝え方をピックアップしました。たった一度で相手のモチベーションを激変させるような魔法のほめ方はありません。むしろ、それを狙って大袈裟な表現を使えば使うほど、逆効果です。「**死ぬほど助かった**」「**無限に**アイデア出せるんだね」「**神**すぎて**涙腺崩壊**した」といった誇張ワードはSNSでは印象に残りますが、日常ではシンプルに嘘です。

本当に感じたことを、なるべく誇張せず、こまめに伝える。賞賛ではなく、あなたから見た感謝を伝える。そういう言葉選びができるようになれば、気づいたらすぐ伝えることができるようになります。タイミングを逃さずほめることができれば、奇をてらった言葉でなくとも十分印象に残ります。

[ほめ方]

1

誰も動いてくれない

損

よくできたね

人が動いてくれる

得

○○さんのおかげで
助かりました

上から目線には要注意です。「よくできたね」「いい仕事ぶりでしたね」というのは一見ポジティブに思えますが、全体を丸ごと評価するのは漠然としすぎています。何より偉い人が労うようなフレーズになりやすいわけです。**賞賛ではなく、感謝を伝えていくのがほめ方の基本です。**「◯◯さんのおかげで助かりました」と伝えることで、具体的な貢献を明確にしながら、あなたから見た感謝ポイントを盛り込むことができます。

具体的なシチュエーションで見てみましょう。プロジェクトの進捗が遅れている中で、チームメンバーが特定のタスクを迅速かつ正確に完了してくれました。「◯◯さんの進行のおかげでスケジュールが守られたし、プロジェクトもスムーズになりました。本当に助かりました」と伝える。そもそもの情報量が違いますが、**ほめるときに良かったところや感謝すべきポイントを省略するべきではありません**し、それを省けるような魔法のフレーズはありません。こまめに、しっかりと、あなたが感じた感謝を言葉にしていくことが肝心です。相手の具体的な貢献を理解し、それをきちんと表現し、感謝の気持ちを述べる。ここを楽しようとすると、あっという間に上から目線のフレーズができあがってしまいます。

[ほめ方]

2

誰も動いてくれない

損

みんな優秀ですね

人が動いてくれる

得

みんなの丁寧な
確認のおかげです

「みんなちがって、みんないい」という金子みすゞさんの詩にあるように、せっかくの異なる個性や努力をデフォルメしてまとめてしまうのは損する伝え方です。「みんなの丁寧な確認のおかげです」と、具体的な行動を明確にし、そこに感謝をする。たったこれだけで、印象はガラリと変わります。

例えば、品質管理チームが製品のテストを行い、エラーを未然に防いだとしましょう。「さすが優秀ですね」という伝え方では能力を漠然とほめているだけで、効果的とは言えません。「みんなの丁寧な確認のおかげで、エラーを未然に防ぐことができました」という表現なら、**特定の行動や頑張りがきちんと結果につながっていることが伝わり、同様の行動を続けていこうというチーム全体の意欲が生まれやすくなります。**努力、アウトプット、取り組みなどをピックアップして、言及するのが肝心です。

チームの一体感を大切にするあまり、「みんなありがとう」と集団全体に感謝を伝えておしまい、はもったいないです。一人ひとり担当したことも得意不得意も異なりますから、区別して伝えるべきです。えこひいきしようということではありません。**小さなチームであっても、組織は個人の集まりですから、1対多数ではなく1対1のコミュニケーションを積み重ねる意識で感謝を伝えていきましょう。**

[ほめ方]

3

誰も動いてくれない

損

いつも頑張ってるよね

人が動いてくれる

得

○○さんがいてくれてよかった

いつもずっと良い仕事をしてくれている。そのほめ方は、実はとても難しいです。具体的なポイントで感謝を伝えるのが基本ですが、どうしても同じことを繰り返し伝えてしまうことになるので気が引けてしまうでしょう。結果的に「いつも頑張ってるよね」と行動をほめようとしているのにものすごく抽象的な伝え方になってしまいがちです。

そういうときは存在そのものに言及してみましょう。**存在承認**とも呼ばれますが、相手がいつもいてくれることそのものに感謝を伝えるわけです。周囲の状況を見て、仲間の仕事をどんどん手伝ってくれる人がいたとします。「いつもみんなのために頑張ってるね」と伝えるのではなく、「◯◯さんがこのチームにいてくれて、本当に助かっています」と伝える。ちゃんと自分の存在を認めてもらえている、というふうに思えるには日々の積み重ねが欠かせません。**ですから、存在を認めるというのは、実は日々の積み重ねに感謝を伝えることになるわけです。**

ちなみに、存在承認の際にはあまり具体的なポイントを言いすぎない方が吉です。「資料作りがうまくて、ほんといてくれてよかった」と言われたら、自分の価値は資料作成にしかないのかと感じてしまいますから。自信やモチベーションをなくしている人には、いつもいてくれることへの感謝を伝えていきましょう。

[ほめ方]

4

誰も動いてくれない

損

さすがターゲットに
近いだけあるね

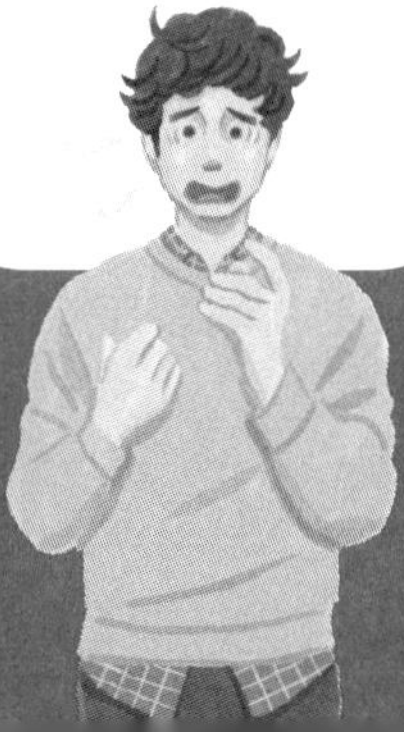

↓

人が動いてくれる

得

面白い切り口の分析だね

ほめることが、ハラスメントになってしまうことがあります。**相手の属性をほめてしまう人は要注意**です。「若い女性がターゲットだから、ターゲットに年齢が近い○○さんに頼んでよかった」というのは、ほめているようでハラスメントです。「男らしく新規営業を頑張ってるな」「さすが女性だけあって、細かいところまで気が利くね」「子どもがいるから、子ども向けの新商品開発は向いてるね」なども完全にアウトです。本人の努力や個性、成果などほめるところは別にあります。その属性を持っていることだけで結果を出したわけではないはずです。

例えば、若手社員が新しく伸びている市場の分析を行ったとしましょう。「さすがターゲットに近いだけあるね」と属性をもとに仕事ぶりをほめるのはNGです。「この分析の切り口、特にニーズに対する仮説が非常に興味深い」と**成果そのものやこだわっていたポイント、努力こそを具体的に評価しましょう。**

ハラスメントの課題を調査した厚生労働省の調査によれば、企業の悩みの第1位は「ハラスメントかどうかの判断が難しい」（59・6％）だったそうです。線引きを明確にすることの難しさが窺えます。ほめることがハラスメントになるとは想像もしていない、そんな方こそぜひ属性を依りどころにしないということを意識してみてください。

[ほめ方]

5

誰も動いてくれない

損

バッチリだね

人が動いてくれる

得

細かいところまで
よく整理できてるね

太鼓判を押すようなほめ方で心配なのは、やっぱり上から目線に思われてしまうことです。もちろん、資料を最終チェックする立場であればこういうコミュニケーションは不可欠でしょう。ですが、太鼓判を押すときは具体的なフィードバックを添えて、相手のモチベーションを高めるチャンス。なぜなら、**フィードバックが具体的であればあるほど、その行動の再現性を高める効果がある**という研究があるからです。

資料のクオリティが高ければ、その中でも「細かいところまでよく整理できてるね」と細部のポイントに言及する。前回の確認からきちんと改善されているのなら、「流れがスッキリして、本筋を理解しやすくできてます」とコメントする。**具体的なポイントを明確にし、相手がどの部分で特に優れていたかを伝えましょう。**

この章のはじめにも触れましたが、具体的なフィードバックは再現性を高める一方、それ以外の行動を取りにくくするというデメリットもあります。顔色を窺うような空気は、誰だって目指したくありませんよね。そんなときは、**フィードバックしたポイントをメモとして残しておくことがおすすめです。**そうすると、自分がいつもいつも細かい数字のことばかりコメントしているとか、資料のデザインばかりに口を出しているとか、思わぬ偏りに気づくことができるからです。

[ほめ方]

6

誰も動いてくれない

損

君なら大丈夫

人が動いてくれる

得

君になら安心して
任せられる

能力を認める伝え方は、相手のモチベーションを高める定番のアプローチです。スキルや成長を保証する言葉で、相手の自己認識をアップデートしようというわけです。**気をつけたいのは、ついつい自分の存在を消してしまうことです。**「君なら大丈夫」「君ならできる」と相手のことばかり言ってしまいがちですが、これだとどこか放置されている印象が出てしまいます。

信頼を伝えるだけでなく、信頼の根拠を示す。「(私が)安心して」というほんの些細なフレーズですが、あなたの存在や感情が反映されているのといないのとでは大違いです。ぜひ恥ずかしがらず、あなた自身が認めていることをきちんと伝えてあげてください。「すっかり一人前になって、ほんと感慨深いよ」と素直な気持ちを言葉にするのもいいでしょう。どうしても、自分なんかが認めていることを口にするのを恥ずかしく感じてしまう方は、「ここ数ヶ月のプロジェクトでの成果を見てきたけど」など、仕事面から根拠を具体的に伝えてもよいでしょう。

相手のことだけではなく、あなたが感じていることを示すことで、信頼関係を強めていく。小さなことですが、思いを言葉にすることから始めてみましょう。ただし、思ってもいないのに誇張して伝えるのはダメです。たいてい、バレます。

［ほめ方］

7

誰も動いてくれない

損

先輩のおかげです

↓

人が動いてくれる

得

先輩のそういうところ、見習わせてください

先輩や上司など、目上の人に対してほめる機会はなかなかないでしょう。ですが、ほめるとは感謝を伝えること。そう考えれば、避けては通れないシチュエーションとも言えます。

感謝をきっかけに、コミュニケーションの機会を増やす。そんな捉え方をしてみましょう。コロナ禍以降、リモートワークが浸透した一方で、雑談や人と知り合う機会が減りました。ただ感謝を伝えるのではなく、改めて話すきっかけにしてしまうのです。いつもなら「先輩のおかげです、ありがとうございました」でやりとりが終わっていたところを、「先輩はターゲットの解像度が本当に高いですよね。発想の仕方、見習わせてください」と言い換える。**自分もそれを学びたいという意欲を示し、さらなる会話や、教えてもらう時間へとつなげていくわけです。**

用がなくても話を持ちかけたり、共通点を見つけたりできる雑談力があれば不要でしょう。ですが、雑談力を養うには時間と訓練が必要です。この、感謝を伝えつつさらなる学びのきっかけとする伝え方はすぐに実践できます。注意点は、「ここを教えてほしいと言ったら喜ぶだろうな」という打算で話さないこと。あなた自身に学びたいという意思がないのなら、相手の教える時間を奪うだけですから。

［ほめ方］

8

誰も動いてくれない

損

お若いですね

←

人が動いてくれる

得

○○さんみたいな大人になりたいです

ほめる言葉は、取り扱いが難しい。お世辞にもなりますし、社交辞令にも、はたまたハラスメントにもなります。人生１００年時代を迎えた今、年齢を感じさせずアクティブに活動される方はますます増えています。その方の感性やライフスタイルへの敬意を込めて、「お若いですね」と口にすることもあるでしょう。

ですが、これは受け取り方に幅が出てしまう、**描写型**の伝え方です。京都の方が「おたくのお子さん、ピアノがお上手になって」と言うときは、「ピアノがうるさい」という意味だ、というエピソードがあります（個人的には、そんないけずな京都人に会ったことはありません）。状況を描写する言葉は、実は良い意味にも悪い意味にも取れてしまうわけです。「お若いですね」も、意地悪な目で見れば皮肉として受け取ることもできます。含みがあると思われやすいのが描写型のデメリットです。

そうした誤解を防ぐには、描写ではなく、しっかりと自分の行動に落とし込んで伝えることが大切です。意欲が見え隠れする言葉には、他人があれこれ解釈する余地が残りにくいからです。「○○さんみたいな大人になりたいです」と、あなた自身の胸の内に湧き上がってきた、ポジティブな意欲を伝えましょう。

［ほめ方］

9

誰も動いてくれない

損

似合っていますね

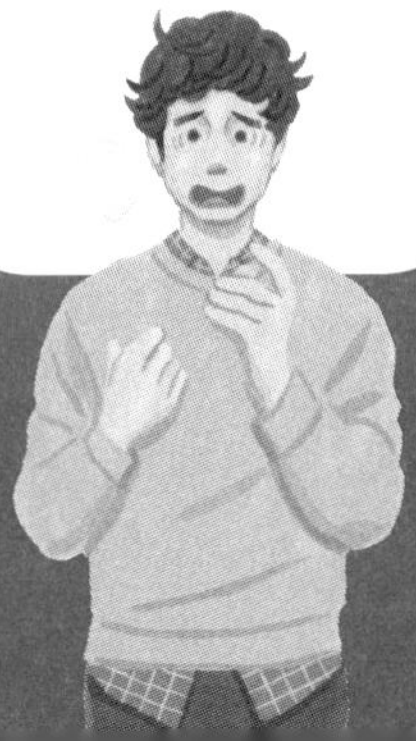

人が動いてくれる

得

いつもおしゃれですよね

何気ないほめ言葉は、時間軸を伸ばしましょう。今の話をするのではなく、過去から今に至るまで一貫しているその人の良い部分を伝えることができるからです。

「似合っていますね」と今日その時点のファッションをほめるのは、時間軸が現在だけにフォーカスされています。こうなると、言われた側も今日の服選びがたまたまあなたの好みにフィットしただけと思うかもしれませんし、アイテムだけをほめられているような印象もあります。ですが、「いつもおしゃれですよね」と過去にまでさかのぼり、時間軸を伸ばしていくと、こだわりやセンスといった、その人が積み重ねてきたものまでほめることができます。

仕事において、時間にいつも正確な相手なら、朝の会議で「時間ぴったりですね」ではなく「いつも時間に正確ですよね」と伝える。些細な違いですが、印象はやはり変わります。

時間軸を伸ばす伝え方の良いところはもう一つあります。**普段からきちんと相手のことを見ているよ、良い部分をきちんと認識しているよ、と伝えられることです。**

ただし、ハラスメントにはご注意を。特に、外見への言及には細心の注意を払うようにしてください。

[ほめ方]

10

誰も動いてくれない

損

やればできるじゃないか

←

人が動いてくれる

得

いざというとき、
本当に頼りになる

ほめているつもりが、落ち込ませてしまう。そんな言葉が、「やればできるじゃないか」です。おそらく、言っている側は本領発揮とか、ポテンシャルが開花したという極めてポジティブな意味で使っているのでしょう。ですが、結構上から目線ですよね。しかも、**こう言われると、普段の努力や成果を全然認めてもらえていないように感じられてしまうのです。**簡単に言えば、「普段はできてない」と言われているようなもの。上司や同僚にとって、自分の能力は一時的にしか評価されていない。**これでは自信がつくどころか、不安だけが増してしまいます。**

プロジェクトが難航している中で、チームメンバーの一人が素晴らしいパフォーマンスを発揮してくれました。「やればできるじゃないか」と言うのではなく、「いざというとき、本当に頼りになるよ。ありがとう」と伝えましょう。自分主語で、困難な状況によっていつもよりさらに頼もしく思えたことに感謝を伝える。こうすれば、常日頃の普段のパフォーマンスも含めて信頼されているのだという前向きな気持ちになれるでしょう。

ちなみに、結果に対してではなく、これからやることに向けてなら、「あなたなら、やればできるはずだよ」と励ましに使うことが可能です。

第10章

「励まし方」で損する人 得する人

本章の概要

■悩みは、次へつながるポジティブなステップ

かつてアメリカのアル・ゴア副大統領のスピーチライターを務め、『モチベーション3.0』（講談社）などのベストセラーで知られるのがダニエル・ピンクという人物です。彼が2023年に出版した新著は『THE POWER OF REGRET』（かんき出版）、つまり「後悔が持つ力」についてでした。変化や行動を促すとき、我々はポジティブな感情をどう高めるかに目を向けがちです。**ですが実は一見ネガティブと思われがちな感情にも、成長や前進に欠かせない重要な力があるのです。**例えば、不安があるからこそ慎重かつ丁寧になりますし、嫌悪感があるおかげで有害なものから身を守ること

ができます。悩むからこそ、次回はより良い選択をしようという動機が強まりもします。

仕事や日常生活で困難に直面し、落ち込んだり自信をなくしたりすることは誰にでもあります。そんなとき、どう励ませばいいのか。ついつい、悩むことは良くないことで、一刻も早く前向きな状態に戻さないといけないと焦ってしまっていないでしょうか。

悩むことは、問題を直視し、解決策を見つけるための第一歩。「悩むことは前進に欠かせない」と捉えれば大丈夫。ポジティブな感情だけが必要なのではなく、ポジティブとネガティブのバランスが重要なのです。

■励ますことは、聴くことから始まる

伝え方の本なのに恐縮ですが、励ます際には伝えるより聴くことの方が役に立ったりします。落ち込んでいる人や自信をなくしている人を励ますためには、伝えるより先に聴くことが不可欠です。

いきなり自分の意見やアドバイスを押し付けるのではなく、まずは相手の話にじっ

くり耳を傾けるのです。ここでのポイントは、相手が何に悩んでいるのか、どのような感情を抱いているのかを理解することです。

伝えよう伝えようという思いが勝ると、タイミングを窺いすぎて相手の話を遮ってしまうでしょう。うなずきや相槌をしながらも、何を言うか考えてしまって上の空……というのはもう最悪です。関心を示しながら聞くことで、相手が安心して話せる環境を提供することが大事だと述べています。

例えば、同僚から「最近、仕事がうまく進まなくて……」と話を持ちかけられたとしましょう。「大丈夫だよ」「もっと頑張れるはずだよ」と伝えることより、「どの部分が特に難しいと感じるの？」と質問して、悩みを引き出す方が相手のためになるはず。相手は自らの気持ちを整理でき、解決策を見つける時間となります。しっかり聴いてから、励ましとなるような言葉をかけていくようにしましょう。

共感はする。同調はしない

共感は、相手の感情を理解し寄り添うために不可欠です。「この人、全然分かってくれないな……」と思う相手にそもそも深い悩みを相談することはありませんし、何かうまいことを言われたとしても励まされることはないでしょう。

ですが、共感しても、同調しないことが肝心です。**つまり、相手の感情に共感しつつも、同じようにネガティブな感情や視点に引きずられない。**あくまで冷静さを持って、相手だけでは辿り着けないような結論を一緒に見つけていく。伴走しながらしっかりサポートするけれど、相手が走りたくないと言ったからといってこちらも走るのをやめてしまってはゴールが遠くなるだけです。

「大切な取引先の案件で、失敗してしまった」と落ち込む同僚に、「それは本当に辛いね」と共感するのは大切ですが、「きついよね……ほんとどう挽回したらいいか分かんないよね……」と相手の状態にあなたまで同調してしまうのは避けましょう。共感を示しながらも、のめり込まない冷静さを持っておく。解決策や前向きな視点を提供することで、相手が一歩前に進む手助けになります。

■ものの見方を変える手伝いをする

得する伝え方で目指すのは、ものの見方を変える手伝いをすることです。視点を変えることで、同じ状況でも異なる印象を持たせることができ、ネガティブな感情とポジティブな感情のバランスを整えることができます。

目の前の悩みを絶望と捉えているのに、いきなりチャンスのように見せることはできません。ですが、八方塞がりに思えていた状況が、実は小さな課題の集まりだったと気づかせることはできます。

立場が変われば見方も変わりますから、ちょっと俯瞰した視点での助言が問題を冷静に見つめ直すきっかけになったりもします。悩んでいる相手だけで視点を切り替えるのは大変です。相手の思考をマイナスからプラスへいきなり動かそうとするのではなく、状況を見つめ直す手助けを目指しましょう。

伝えるべきは、相手にとっての新しい視点です。180度事態を急転させるような魔法のフレーズを狙うと、変にカッコつけた言葉に聞こえたり、共感してくれているのか疑いたくなったりしてしまいます。少しずつポジティブな方向に導くサポート役になることで、相手はきっと再び意欲を持って取り組むことができるでしょう。

[励まし方]

1

誰も動いてくれない

損

何かあったなら話聞くよ

人が動いてくれる

得

何かあったでしょ？

ほどよくカマをかけてみる。受け止めるというより、前のめりでいる。励ましは聴くことから始まると書きましたが、相談を待っているだけでは聴く機会が始まらないからです。悩ましい問題ほど、人には気軽に話しにくいものです。そんなときに「何かあったらいつでも言ってね」と伝えるのは、一見優しく寄り添っているようですが実は効果はありません。「もしかして、何かあったでしょ?」と少しカマをかけてでも具体的に問いかけてみると、相手は自分の感情や状況をごまかしにくくなり、結果、話しやすくなります。イエスかノーで答えられるような聞き方がおすすめです。

もちろん、そうして聴いてみたところ何もなかった、ということもあるでしょう。ですが、前のめりに相談を聞き入れようとしてくれたという印象は相手の中にしっかりと残るはず。そうした積み重ねが、より良い信頼関係につながるでしょう。

相手が話しやすい状況をつくるためには、「最近、こういうことに困ってたりする?」と**具体的に問いかけてみるのも手です。**ポイントを先にこちらから仮定することで、相手が自分の感情や状況を整理しやすくなります。

それでも気が引ける方は、1on1など定期的な会話の時間を設けてはいかがでしょう。毎日15分でも、隔週でも、話せる機会を仕組み化してしまうわけです。

［励まし方］

2

誰も動いてくれない

損

なんでも話してみてよ

←

人が動いてくれる

得

ぜひ聞かせてほしいんだ

聴くためには、待つのではなく働きかける。そんなとき、ついつい「なんでも言ってね」と相手に全てを委ねるような働きかけを選んでしまいがちです。これ、結局「あなたが動いてくれれば受け止めるよ」と受け身であることを宣言しているようなもの。そうではなく、**受け入れるより先にやるべきなのは、聴くことに興味関心があると示すことです。**相手に対して、自分が望んでいることを先に伝えるのは、きちんと相手への敬意があると示すことでもあります。敬意があるとないとでは大違い。相手は一気に安心して話しやすくなります。

新しいプロジェクトに参画することになった同僚が悩んでいるのなら、「なんでも話してみてよ」と相手に選択を委ねるのではなく、「悩みがあれば、ぜひ聞かせてほしいんだ」と望んでいることを明確に伝えていく。受け身ではなく、主体的に向き合いましょう。

励ますには、話を聴き出すことです。相談もされていないのにアドバイスをしても、余計なお世話になるか、的外れな助言に終始してしまうからです。「いつか話してくれるかな」と待つのではなく、自らアクションを起こしましょう。そんなときにこうして自分自身の望んでいることを明確にするのは非常に効果的です。

[励まし方]

3

誰も動いてくれない

損

頑張って

人が動いてくれる

得

いつも頑張っているもんね

お正月の箱根駅伝。沿道を埋め尽くす観客からの声援が選手の力になる。素晴らしい光景です。でも、仕事は違います。駅伝のように走る人と見る人という明確な線引きはありません。あなたも悩んでいる相手も共に走るチームメイトのはず。**「頑張れ」と一方通行の精神論を投げかけるより先に、横に並んで支えてあげることが何より大切ではないでしょうか。**

そうやって協力して悩みを解決していくには、お互いの信頼関係が大切です。アドバイスはその後です。ぜひ、相手の苦労に共感することから始めていきましょう。「ちゃんと頑張っているのにね」と今現在のことにだけ共感するのではなく、時間軸を伸ばすのが効果的。「いつもハードな交渉を頑張っていますよね」と、相手の過程やこれまでの努力をも認めていると伝えるわけです。相手は自然とここまでの行動を振り返ることができ、自己効力感が高まっていくはずです。ずっと見てくれている、気にかけてくれているという印象は、あなたへの信頼感にもつながります。

ぜひ、相手の奮起だけを促そうとするのではなく、一緒に壁に立ち向かっていくという意識を忘れないようにしてください。他人事のようなスタンスの人だと思われてしまうと、どんなに素敵な励ましであっても心に響くことはありません。

[励まし方]

4

誰も動いてくれない

損

あきらめるな

←

人が動いてくれる

得

次のゴールまであと少し

「あきらめるな」という言葉は、一見すると励ましの言葉に聞こえます。が、スポーツなど試合の終盤でテンションが高潮している場面ならまだしも、通常の仕事の現場では「あきらめるなんてダメだからな」というプレッシャーとなってしまいます。言葉の持っている圧が高く、ぴったりなシチュエーションがかなり限られるのです。

あきらめたくなるような状況ということは、困難な課題にぶつかっているはず。そんなときは、**ステップを小分けにしましょう。** 売上目標を達成できるかどうかの瀬戸際で、「あきらめるな、最後まで頑張れ」と追い立てるのではなく、「期が締まるまであと2週間しかないぞ」と最終期限を振りかざして焦らせるのでもなく、目の前にある小さなステップに目を向けさせるのです。

「今年の目標達成まであと◯◯万円だ」と最後のゴールに目を向けるのではなく、小分けにしたステップとして「今日の目標アポイント数まであと◯◯件だ」という目前のタスクとゴールに意識を集中させましょう。「明日はいつもより30分早く、始業しよう」と一番手前にすぐクリアできるタスクを設定するのもいいでしょう。小分けにすることで、気持ちはだいぶ軽くなりますから。

[励まし方]

5

誰も動いてくれない

損

普通にやればできるよ

人が動いてくれる

得

いつも通りで大丈夫

もし○○することができたなら、という表現は、励ましの場面になるとプレッシャーに豹変します。スポーツでも、1点を争う終盤に「ミスさえしなければ勝てるよ」と声をかけてしまうと「ミスすると負けてしまう」というふうに変換され、逆にミスするリスクを強く意識してしまうと言われています。「あなたなら、普通にやればできるよ」というのは**普通にできなかったときのことを想像させてしまい、不安を高めてしまいかねないのです。**

相手に安心感をもたらすためにも、これまでの相手の積み重ねにこそ意識を向けていきましょう。「いつも通りで大丈夫」とあなたからの保証を添えながら、過去の成功体験をしっかりと認めていく。相手はこれまでの頑張りに改めて自信を持つことができ、何に集中すべきかについて思考を整理できるようになるはずです。

今のこの状況で、何をすべきなのか、ものの見方はちょっとした一言で大きく変わります。かけようとしている言葉が相手のプレッシャーを強めてしまわないかどうか、慎重に見定めていきましょう。

［励まし方］

6

誰も動いてくれない

損

新しい部署でも
頑張って

←

人が動いてくれる

得

すごくいい
人事だと思う

異動が決まり、環境が変わる。新しいチャレンジが始まる一方で、今までの武器が通用しないかもしれない。不安のまっただ中にいる相手に対しては、頑張ってとエールを送ってもまっすぐ届きません。不安というネガティブな感情に支配され、ポジティブな感情とのバランスが崩れているからです。

そういうときは、**ものの見方を変えるような一言が効果テキメンです。**ネガティブな感情を和らげるために、違う見方を提供するのです。全く経験のない部署だから不安かもしれないけれど、そこは今すごく伸びている事業領域だから、今までにないくらい裁量がある。こういう経験が今までの武器に加わるから、さらに盤石になる。こういうプロジェクトは全社の中でもそこにしかないくらい珍しいから、貴重な経験に違いない。相手を不安にさせている対象について、あなたから見た側面を共有するわけです。こうしたメッセージは、良くも悪くも第三者の立場だからこそ見えてくることも多いはず。ぜひ、あなたなりのポイントを伝えてみてください。羨ましいなと思っているのなら、その感情もぜひ共有してみてください。あなたにとっては当たり前の視点も、立場が変われば新鮮に映ります。視点の転換で、感情のバランスはまた違うバランスへと移り変わっていくのです。

[励まし方]

7

誰も動いてくれない

損

やる気出しなよ

人が動いてくれる

得

そもそも、始めたときは何が楽しかった？

モチベーションには2種類あります。個人の内面から湧き上がる欲求によって行動する内発的動機づけと、報酬や懲罰など自分の外からもたらされるものを求めたり避けたりする外発的動機づけです。それぞれ長所・短所がありますので、優劣はありません。ですが、伝え方で動かしていきたいのはやはり前者。**個人の好奇心、探究心、向上心といった内面から生まれるモチベーションです。**

その内発的動機づけを促すのは、個人の胸の中にある興味や関心に改めてスポットライトを当てることです。もし、プロジェクトが行き詰まってしまい悩んでいる同僚がいたら、「始めたばかりの頃は何が楽しかった?」「どこに一番興味があった?」と自己分析の機会を設定してみましょう。何を求めるかは人それぞれ。誰も挑んでいない未踏領域に心躍らせる人もいれば、仕組み化された分野にやりがいを感じる人もいます。だからこそ、話し合ってツボを言語化し、仕事の中でフィットする部分を見つけるサポートが大きな励ましとなるのです。

もちろん、常日頃からその人のツボを知るべく会話することは大事ですが、こちらからその人の価値観や強みをフィードバックするのも有効です。また、自分自身で行動を決定してもらうのもおすすめです。自律性は内発的動機のガソリンですから。

［励まし方］

8

誰も動いてくれない

損

失敗してもいいんだよ

↓

人が動いてくれる

得

今までにない
経験をしてみよう

失敗しても大丈夫、だから思い切っていこう。そう励まされたとしても、失敗への恐怖心はあまり薄まらない気がします。怖さに対してあれこれ考えて不安になっているのに、怖さはないからと言われてもそう簡単に信用できません。

ポジティブな未来を見せるような、そんな視点の切り替えを投げかけてみましょう。「このプロジェクトで、新しい経験をしてみよう」「今までできなかったことを何か一つでいいから実験してみよう」など、チャレンジすることで確実に得られるものに目を向ける。言われなくても、相手はそんなこと分かっているはずだと思われるかもしれません。ですが、あえて伝えることで孤独感は和らぎます。自分以外の誰かが同じ目線に立ってくれることの安心感が生まれます。**そしてそういう確かな安心感がある一定量積み上がったとき、ようやく恐怖を乗り越えられるのではないでしょうか。**

社会人2年目の頃、とある競合コンペに若手たちが呼ばれました。大御所のクリエイティブディレクターは失敗していいとも、自由でいいとも言いませんでした。「何年か経ったときに、よくあんな企画を提案したよと笑ってうまい酒が飲めるような仕事をしよう」と言われました。不安がフッと軽くなったのを今でも覚えています。

第11章

「謝り方」で損する人 得する人

本章の概要

■ゴールは、問題解決よりも人間関係の修復

あなたは、残念ながら失敗をしでかしてしまいました。その際、「すみませんでした」の一言で終わるようなら問題はありません。この章では、その程度ではとても収まらない事態を考えていきましょう。想像するのも嫌ですよね。どう謝るかというか、どう悪化させないか、というのがこの章のポイントです。

日本語の謝罪と、別の言語での謝罪を比較した研究は数多くあります。日本ではまず謝ったあと、「大丈夫でしたか？」と相手を気遣うような言葉を多用しますが、英語では「私が過ちを犯しました」など責任の所在に触れることが多い。そこから釈明と

説明を重ねていき、問題解決をゴールにするわけです。また別の言語では、友人に対して「私たちの関係なら、これくらいのことじゃ怒らないよね?」と冗談めかしたり、なぜ失敗に至ったのか事細かに説明したりすることが効果的だと評価を集めたそうです。言葉と文化はかくも多様です。

日本では謝るとき、問題解決よりも**人間関係の修復**が優先されます。傷つけてしまった人と、傷つけられた人に分かれてしまうので、そのバランスを元に戻すことが最優先になる。雨降って地固まるよりも、水に流すことが先だというわけです。なので、まず「保身」はとことん嫌われます。相手を大切にせず、自分だけを守ろうとすると、人間関係のバランスが偏ったままになってしまう。日本語は面白いもので、感謝を伝えるときは「助かりました」と自分の感情を表現しますが、お詫びの際には「ご迷惑をおかけしました」など相手の負担に着目した表現が増えます。

そして「お互いさま」という行動も多く見られます。例えば約束を相手が忘れてしまったとき、謝ってもらっている中で「確認しなかった私も悪かったよ、ごめんね」とこちらも謝ってしまった経験はありませんか。潤滑油となるような振る舞いをすることで、片方だけが悪者にならないような配慮をするわけです。人間関係のバランスをお互いが意識しているからこそ起きる現象です。

■ダメな謝り方の４パターン

日本語はバランスを大切にするあまり、保身を嫌う。ですから、気をつけるべき悪手もそうした印象につながってしまうものが挙げられます。

①正当化：自分の行動は悪くなかったと言い訳する

「知らなくて」「精一杯やったのですが」「思いがけず」

②矮小化：大したことないと事態を小さく扱う

「ほんの不注意で」「大袈裟ですよ」「冗談のつもりで」

③避難：自分以外のせいにする。後回しにする

「道路が渋滞していて」「別の者を呼んで参ります」

④非難：迷惑をかけた相手のせいだと逆ギレする

「説明が分かりにくかったせいだ」「言われた通りやったのに」

どれも、人間関係の修復から遠ざかる、真逆の行為です。今回紹介する損する伝え

方は、本人が気づいていないうちに相手にそうした印象を与えてしまうものばかりです。謝っているつもりが、相手をいら立たせたり、事態を悪化させたりしてしまう。それらを回避するだけで全く違います。ぜひ、ぴったりの伝え方を使っていきましょう。

■謝るとは、認める・ねぎらう・誠意を示すこと

謝る際に「すみませんでした」一つで乗り切る人は少ないでしょう。多くの方は人間関係の修復のため、さまざまな要素を組み合わせながらコミュニケーションを重ねるはずです。状況を丁寧に説明したり、今後の改善や対策を約束したり、もしくは同情を誘うような低姿勢でお願いしたりすることもあるかもしれません。

アプローチは人それぞれですが、特にコアとなるのは次の3つです。

①認める：責任や原因が自分にあると、まずはきちんと認める
②ねぎらう：迷惑をかけたことや不快な気持ちにさせたことをケアする
③誠意を示す：今すぐできることやこれからの取り組みを誠意によって示す

まず認めることから始めましょう。責任が自分以外にあると逃げていては、相手の心に響きません。一度心を閉ざされてしまっては、その後のステップで何を訴えても相手の心は穏やかになりません。反省から入る人も多いですが、「申し訳なかったと思っています」とだけ言われても意外とスッキリしないもの。どこか他人事のように捉えているように聞こえるからでしょう。「私の不注意でした。申し訳ありません」と、責任が明確になって初めて反省は伝わります。

その上で、ねぎらうことで相手へのケアをしましょう。素直に、悪いことをしてしまって迷惑をかけた以上、相手をいたわるようなサポートは不可欠です。ただただ謝るだけでは、結局、自分のことしか考えていないように映るからです。どういう状況を引き起こしてしまったのかを、ちゃんと理解していると相手に感じ取ってもらう狙いもあります。スケジュールが遅れたことそのものを怒っているのではなく、スケジュールが遅れてしまって楽しみにしてくれていたお客様をお待たせしてしまうことにいちばん心を痛めているのかもしれない。相手が何に対して、なぜ怒りを感じているのか、そこを十分考えた上でねぎらいの言葉をかけましょう。逆に、ここでポイントを見誤ると火に油が注がれます。

ちなみに、感謝を伝えるというねぎらい方もあります。例えば大切な打ち合わせに遅刻してしまったとき、参加者の皆さんが到着を待ってくれたり、議題の順番を入れ替えたりと対応してくださったとします。このことにきちんと感謝を述べるわけです。相手の素晴らしい振る舞いや寛容さを見過ごさず、ちゃんと感謝の意を伝えることが、ねぎらいの気持ちを伝えることになるのです。

最後に、誠意を示すことです。対策を示したり、補償を申し出たりすることだけが誠意ではありません。時間を空けることなく、すぐ謝ること。今後の改善をきちんと約束すること。メールやチャットではなく、対面や手紙で誠心誠意謝ること。一回許してもらえたと思っても、次またお会いしたときに改めてお詫びの気持ちを伝えること。誠意の表し方はいろいろです。ですがここをサボってしまうと、本当は反省していないのかと勘繰られてしまいます。謝ることが必要なセンシティブな状況で、相手に少しでも不安や不満を抱かせてしまうと、どんなに謝ったとしてもその不信感は自動的に、しかも爆発的に膨らんでいきます。

［謝り方］

1

誰も動いてくれない

損

精一杯、
努力したのですが

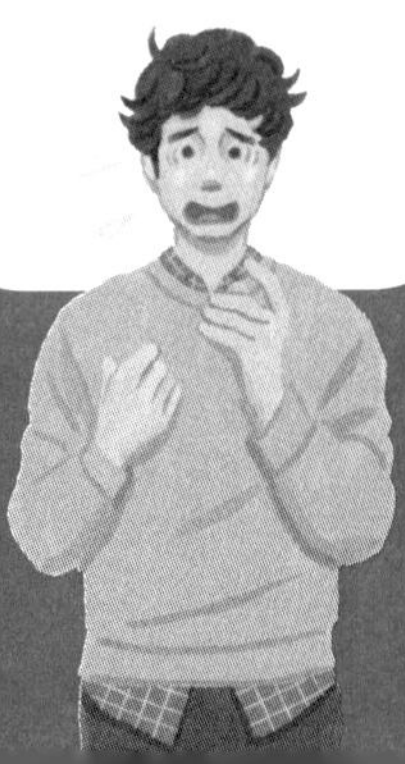

人が動いてくれる

得

努力が足りず
申し訳ございません
でした

ビジネスにおいて失敗は避けられないこと。ただ、ベストを尽くしたのは立派ですが、謝る場面でそれを言っていいのは謝られる側だけです。精一杯やってくれたんだから、と許すときに初めて使っていい言葉です。謝るあなたが使ってしまうと、それは責任を回避しようとする言い訳に聞こえてしまいます。

まず、「精一杯、努力したのですが」という言葉は、自分ができる限りのことをしたという自己防衛のニュアンスが含まれています。すると相手には、「やれることはやったのだからしょうがなかった」と外部のせいにしている印象が生まれてしまいます。

おそらく、そんなことを伝えたくて使う人はいないはずです。あくまで事実の説明として使っているかもしれません。ですが、本当に純粋な気持ちで使っているでしょうか。よくやってくれたよね、と相手から同情してもらえることをどこかで期待していないでしょうか。しょうがないよ、と一件落着にしてくれないかとうっすら望んでいないでしょうか。

自分の何かが足りなかったことを認めるには勇気が必要です。だからこそ責任を認める姿勢は相手の心を動かします。自らの限界を認めることは決して弱点ではなく、むしろ成長へのステップなのです。

[謝り方]

2

誰も動いてくれない

損

不幸中の幸いですが

人が動いてくれる

得

次のような影響が想定されます

安心材料を伝えようとして、つい「不幸中の幸いとでも申しますか」と前置きしてしまう。これはＮＧな伝え方の一つ、**矮小化**です。起きてしまっているトラブルの影響は、謝る側だけでジャッジしていいものではなく、相手も一緒に判断すべきものだからです。

起きた事態に対して影響が小さかった、不幸中の幸いだ、とこちらから言ってしまうと、相手の「それでも結構な損害だ」という認識とズレがあった場合、相手は「問題を真正面から受け止めていないのか」と大きな不安を覚えてしまうでしょう。あなたの知らないところで、事態はもっと深刻になっているかもしれません。これでは信頼関係を築くどころか、逆に損なう危険が大です。問題が発生した際には誠実な対応が大切です。

謝るときに報告したいことがあるときは、あくまで客観的に事実のみを伝えましょう。原因や経緯も事実の一つです。解釈は後回しでいいのです。

もちろん、すでに影響範囲がすり合わせできているのなら、解釈を添えましょう。具体的な対策の参考となるような、意見、アイデア、予測などのプラスアルファも役に立ちます。いずれにせよ、事実が先です。

［謝り方］

3

誰も動いてくれない

損

うちの部下が失礼しました

↓

人が動いてくれる

得

私の責任です

事実であっても、というより事実だからこそ、他責に聞こえてしまうのは非常にまずいです。責任をなすりつけているように見えてしまい、事態の収束へ向けて動き出さなければならないタイミングで、悪影響しかありません。

同じように、「別の部署が」「発注先が」と、説明責任を果たそうとしているように見えて「私が直接の原因ではなくてですね」と自己防衛する伝え方は心象が極めて悪い。

何よりまずいのが、言及された側があなたに対して失望してしまうことです。「あ、この人はいざというとき責任を取ってくれないんだな」と思われて得することなどありません。チームの協力体制にヒビが入るだけでは済みません。築城十年落城一日、コツコツ築き上げてきた信頼関係を一瞬で失う行為です。

担当に指名したのは自分だから。クライアントと日々向き合う責任のある私がチェックできていなかったから。などの自責思考で謝りましょう。ある経営者の方は、「避けようのない天災が起きて業績が悪化しても、自分のせいだと考えるようにしている」とおっしゃっていました。そのレベルが究極最終進化形態だとしても、謝らなくてはならない状況を招いたのは他ならぬ自分であるという意識を忘れないようにしましょう。

[謝り方]

4

誰も動いてくれない

損

原因は不明です

人が動いてくれる

得

原因は調査中です

どちらも同じことを言っています。原因はまだ分からないわけです。それでも得する伝え方をおすすめするのは、**「今まさに取っている行動」をきちんと伝えているからです。**

問題の原因を調査中であると明確にすることで、相手には安心感を与えることができます。大切なのは、「言わなくても分かるだろう」と思わないことです。トラブルが発生したのなら原因の調査もするし、対策だってして当たり前。それはもちろん真理ですが、事実として伝えないと相手は不透明さばかりが目について、不安を増大させてしまいます。調査中であることを公表するだけでも、相手は自分たちの懸念が解消される明るい可能性を感じ、信頼を寄せやすくなります。

ちなみに、事が重大になってくると、「調査中です」だけではまだ曖昧で不透明に受け取られてしまいます。こんなチーム編成で原因究明に当たっている、こういう専門家を招聘した、とさらに具体的なアクションを伝えるのがおすすめ。もしくは、こういう事象が報告されているが、それが全体の原因かはまだ結論が出ていない、など議論の過程を一部共有するのも手です。パフォーマンスで調査中と言っているわけではなく、きちんと実態を感じることができます。

［謝り方］

5

誰も動いてくれない

損

お詫び申し上げます

人が動いてくれる

得

お詫びのため、本日お時間をいただけますでしょうか？

トラブルが発生したら、オーバーキルしておきましょう。**徹底的に火消しをするべきです。**とにかく会いに行けと言いたいわけではありません。すぐに改善アクションを実行してもいいですし、体制を充実させてもいい。なんとなく謝って、それで全てが解決したと誤解しないでほしいのです。特にこれからも関係が続いていく相手なのであれば、わだかまりを残したり、後悔が続いたりするのは絶対にまずいです。やりすぎなくらい対策しておくのが大切です。

それはなぜか。人は一回の失敗で見限るほど冷たくありませんが、もう一回失敗した人に同じように期待するほど甘くもないからです。

謝らなければならない場面で、あまり誠意を示さず、ふんわり謝ってやり過ごしたとします。「なんかちょっとあっさりしてたな」「本当にちゃんと反省してるかな」と不安に思ったとしても、そこで見限るほど残酷な人は少ないです。が、次にちょっとしたミスが起きたら状況は急激に悪化します。「やっぱりダメだったか」と、不安が確信に変わってしまうからです。これを予防するためには、謝る初手の場面で徹底的に対応しておくことが大事なのです。

［謝り方］

6

誰も動いてくれない

損

ちょっと
ご報告がございます

←

人が動いてくれる

得

お叱りを覚悟で、
お伝えしたいことが
ございます

絶対に謝ることが確定している報告のとき。まず、嫌ですよね。分かります。ですが、そうした報告の際にはもう早々に覚悟を決めてしまいましょう。

言葉のコミュニケーションには、敬語かタメ口かといったマナーに加えて、トーンがあります。深刻な話は神妙に伝えたくなり、面白い出来事を話すときは自然と口元が緩むはずです。このトーンのチューニングがズレてしまうと、相手は話をスムーズに受け取りにくくなります。謝ること必至の状況に対して、そんな大ごとではない雰囲気を醸し出しながら軽い感じで話したくなるかもしれません。ですが、**きちんとトーンを合わせましょう。**軽く見せたからといって、相手の怒りは別に軽くならないのですから。トーンを合わせると相手も自然とそうしたモードで話を聞くことができます。ちょっとした共有かと思ったら重大な意思決定が必要なレベルのトラブルだった、というギャップを生むこともありません。

「お叱りを覚悟で」というのはだいぶ深刻かつ責任のある伝え方ですから、普段はもっとカジュアルでもよいでしょう。「悪いニュースなのですが、ご報告させてくださ い」などです。ちなみに、「大変です」など、良いことにも悪いことにも使うフレーズで切り出すのは逆に混乱を招きます。

[謝り方]

7

誰も動いてくれない

損

検討いたします

人が動いてくれる

得

こういう対応をいたします

熟考より、迅速な行動。それが評価にも解決にもつながりやすいのが、非常時というものです。「検討いたします」という表現では、まだ何もできていない印象が強く、問題の解決が遠い先のことのように聞こえてしまいます。それよりも明確な行動を示すことで、相手は安心感を覚えることができます。

一方で、とにかく行動を示せばよいというものでもありません。気をつけたいのが、**よく使ってしまいがちだが何をするのか具体性が見えにくい**曖昧ワードです。これらを用いる際は、誰が、何を、いつまでになど5W1Hを添えることで、誰が聞いても同じイメージを持てるようにしましょう。曖昧ワードには、例えば次のようなものがあります。

動詞：最適化する、検証する、確認する、推進する、見直す、管理する
基準表現：十分に、しっかりと、きちんと、通常よりも、基本的に、ある程度
時間表現：なるべく早く、迅速に、すぐに、まもなく、しばらく、近日中、現状
人表現：関係者、ステークホルダー、担当

もちろん、社内用語や、一般的ではない専門用語などにも気をつけましょう。

[謝り方]

8

誰も動いてくれない

損

挽回のチャンスをください

人が動いてくれる

得

埋め合わせは必ずさせていただきます

謝る側が、「もらう」側に立つと印象が良くありません。許してもらう、認めてもらう、カバーしてもらうなど、受け身のスタンスが感じられてしまうと、相手は安心して任せられなくなります。決意が弱く見えるだけでなく、具体的に改善してくれるイメージが湧きにくいからです。

自らができる行動を、先に約束として提案するのがおすすめです。許してくださいではなく、必ず埋め合わせをしたいと申し出る。もう一度提案の機会をくださいではなく、改善したプランをいついつまでに行わせてもらえないかと持ちかける。「私たちはこういうことを具体的にやりたいと考えています」と提案するわけです。

誠意を示すためにも、「必ず」や「◯日までに」と意気込みや期限を添えておくのも大切。言葉として表明しなければ、あなたの意思の固さは相手には伝わりにくいものです。きっと分かってくれるはず、という姿勢は冒頭で注意した「もらう」側の思考です。「働きかける」側になりましょう。

注意が必要なのが、目の前のトラブルと別案件で埋め合わせしようとすること。他の進行中のプロジェクトで挽回したい、と提案するのは、目の前のトラブルが解決してからです。

第 12 章

一言を魅力的に見せる方法

本章の概要

■理想と現状のギャップを埋めてくれる言葉を、コピーと呼ぶ

この章では、コピーライティングの技法で、一言を魅力的に伝えるポイントをお話しします。企画書、プレゼン、交渉、広告。伝えたいことはたくさんあっても、時間やスペースは有限です。1文字でも、1秒でも短く、言いたいことを伝えたい。もしくは、言いたいことをもっと分かりやすく、共感される形で伝えたい。そんな悩みに、コピーを生み出す思考はきっと役立つはずです。

新入社員研修を終え、コピーライターとして配属されると、そこからさらに専用の研修が始まります。当時のノートは今も大切に取ってありますが、今見返しても不思議な

講義の連続でした。「渋谷の超ボロい家賃3万円のアパートのコピーを書きなさい」「動物園の中でクマを人気者にしてください」「飲み会への案内を作ってください」「お好み焼きでボディコピーを書いてみよう」などなど。メンターからは、30の課題について100本ずつコピーを書くという3000本ノックを課されたこともありました。インプットで言えば、海外広告賞10年分の受賞作をひたすらシャワーを浴びるように見て手法を分析する講義もあれば、逆にある年の受賞しなかった作品を全部見て議論することもありました。アートディレクターと組んで、広告賞に応募してみたかと思えば、部の歓送迎会のためのポスターをわざわざ作成してオフィスに掲出してみたり。とにかく座学と実務を並行していくことで、コツを学ぶというより掴み取っていく日々でした。

それまで、コピーというのは「うまいことを言うもの」と思っていました。レトリックがあって、おしゃれで、なんだか良いことを言っている言葉というイメージです。ですが、実際は違いました。**クライアントが抱えている課題を、言葉で解決する。**「鮮やかな説得」というのがしっくりきます。商品を、世の中との関係の中でポジティブにするために、心を動かす。心を動かすには、正しいけれど面白くないものは届いても響かない。かぶっているもの、ありふれているものはそもそも届かない。ほめてもいいし、けなしてもいいが、結果につながらないなら意味がないわけです。

課題を解決したいということは、クライアントには必ず理想があり、理想と異なる現状があるということです。その間には、不足、不満、不評、不快、不安、不知、不公平、不幸、不明、不在、不利益、不都合など、さまざまな「不」が存在しています。

この壁と向き合い、突破することで、現状を理想へと近づけていくのがコピーです。

■言葉を生み出す４つのプロセス

コピーはその短さゆえか、パッと閃いて作り上げるものという印象が根強くあります。ですが、誰でも扱える言語を使って、ちょっと意外な表現を考えるわけです。熟考に熟考を重ねてひねり出すモノ作り、といった方が近い気がします。

クルマに工程があるように、コピーにもプロセスがあります。

①収集：解決したい課題のことをよく調べ、情報を整理しておく。
・商品の深掘り：商品やサービスの特徴、強み、独自性を調べる

・競合分析：他社はどう訴求しているか。意外な競合はないか
・過去事例：過去の事例はなぜ成功したのか。別領域ではどうか

②観察：集めた情報をより吟味し、ヒントを得る。
・ターゲット理解：どんな人で、どういう悩みがあり、どういうものが好きか
・市場動向の把握：市場のトレンド、新技術、社会問題や関心を知る
・インサイト：ターゲットが欲しがっているが手に入れられないものは何か
・成功法則：うまくいっている事例や別領域から、成功の鍵を学ぶ

③考案：楽をせず、具体的に多角的に言葉にしてみる。
・抽象化：課題を壮大に捉え、解くべき課題をリストアップする
・分解：課題を分解し、小さな課題の組み合わせに置き換える
・ライティング：まずコンセプトを言葉にする。言い換えて、表現を磨く
・数を増やす：アイデアの質をつくるのは量。なので粘る

④検証：生み出した言葉が、本当に有効なのか冷静にジャッジする。
・俯瞰：ターゲットでもクライアントでもない目から眺めてみる
・否定：あえてアイデアの短所を見つけ出す

・トライ：テストモデルなどで実際に効果的か確かめる
・説明：アイデアを人に説明してみる。良いアイデアは一言で伝わる

この4つのプロセスで、おそらく③考案を苦手とする方が多いのではないでしょうか。ですが、単に考える糸口を知らないだけというケースが非常に多いです。公式を知らずに、数学の証明問題に臨むようなものです。ヒントになるアプローチをご紹介します。

描写より提案。抽象より具体。説明より発見

現状を変え、理想に近づけるため、そのギャップに潜むさまざまな「不」を解決する。ですので、もっともベーシックなアプローチは**「不」に対する提案**です。特に、定番ジャンルの新商品の売り込みや、成長が停滞してきたときの起爆剤に有効です。不満があるなら、解決策を提案する。不快な気持ちに悩んでいるのなら、その解消法を提案する。単に商品の見どころを描写するだけでは、ターゲットはその商品の代わりもたくさん知

っているので、価値がありそうに感じることはできても納得や共感ができません。

消臭スプレーを単に臭い消しとして伝えても誰でも知っていることを描写しているだけですが、「洗えない布製品がまるで洗い立ての香りに」と訴求すると、新しい提案になるわけです。自分の生活をどう変えてくれるのか、なぜ自分のためのものなのか、そんなベネフィットを強調しながら提案するのです。

2つ目は、**具体化**です。便利、お得、快適、手軽、美味など、商品にはさまざまなメリットがあります。ですがついつい、分かりやすさを重視してしまい、同じ魅力を同じような言葉で語る同質化が起きてしまいます。例えば、新しい炭酸飲料の魅力を伝えるのに、「爽快な味わいです」と言ってしまうと、他の炭酸と何がどう違うのか分かりませんよね。なんとか目立たせようと「史上最大級の爽快さ」「ストレスが消し飛ぶ爽快さ」と誇張していっても、そうした「凄い凄い表現」は世の中に溢れているので結局埋もれてしまうわけです。

大して他と違わないと感じてしまった途端、ついつい認知度の高い定番商品や、価格の安い方を選んでしまうのが人間の性。お金や時間を使う以上、失敗したくないですからね。特に、きちんとしたユニークポイントがあるのに知られていないときや、新しすぎてうまく馴染めていないとき、こだわりを伝えたいときにはきちんと具体化しましょう。インパクトのある数字を用いるのが定番ですが、あれこれ魅力を言おうとするのではなく絞り込むだけでも他と違って見えることがあります。他にも「朝専用缶コーヒー」のように、役立つシーンがありありと頭に浮かぶように表現するのも具体化の一つです。これは商品の特徴や想定利用シーンを、きちんとリサーチしていなければなかなか閃きにくいもの。デスクリサーチ（インターネットを活用して情報収集すること）はもちろんですが、実際に店頭に行ってみたり、開発者の意見を聞いたり、自分自身で使ってみるとリアリティが高まります。

最後、3つ目が**発見**です。商品や出来事の新たな側面を引き出すことで、「言われてみればそうじゃん」という感情を呼び起こすものです。例えば、大成建設さんの有名な「地図に残る仕事。」。建設会社へのリスペクトとやりがいがグッと高まります。歩きタバコが良くないということは知っていても、「700度の火を持って、私は人とすれちがっている。」とJTさんのマナー広告で呼びかけられた途端、その危険性の高さに思わずハッとしてしまうはずです。

発見のあるコピーはとても強いです。驚きと納得が同時にやってくると、強く記憶に残るからです。当然、難易度も高いです。考え続けるしかない、と言ってしまえばそれまでですので、いくつかアプローチのヒントをご紹介します。

・時代法：新型コロナ、少子高齢化、D E & I など今の時代に合う価値を探す
・ヒーロー法：どんな人にとってこの商品が宝物になるのか想像してみる
・カテゴリ命名法：商品だけでなくライバルも含めた分野に名前をつける
・モチーフ法：昔からあるものから最新トレンドまでモチーフを引用してみる
・ミクロ法：商品を構成する超小さく些細なポイントを切り取る
・アンチ法：常識や通説を疑い、あえて否定しようとしてみる
・再発見法：誕生時の逸話、昔からの長所など原点に改めて注目する
・お悩み法：主に自分の最近の悩みの解決に、無理やり結びつけてみる

どのアプローチでも大切なのは、ポジティブな気持ちとネガティブな気持ちを行き来することです。「絶対にいいところがある！」と思いながら考えたかと思えば、「正直これくらいのこと誰でも知ってるよ」と落ち込んでもみる。そうしているうちに、少し前に考えた切り口がどうしても忘れられなく思えてきて、それが実は新しい発見だったりします。

[一言を魅力的に見せる方法]

1

誰も動いてくれない

損

シンプル機能スマホ

←

人が動いてくれる

得

電話が苦手な
人のためのスマホ

商品の特徴をそのまま描写するのではなく、その特徴が誰にどう役立つのかの提案に変えましょう。「シンプル」というポイントが、どんなターゲットのどんな「不」の解消に貢献するのかを想像していくわけです。

気をつけたいのが、言い換えで満足しないこと。操作に迷わない、説明書がいらない、と書きたくなりますが、どちらもシンプルさを言い換えたもの。そもそも、説明書がなくて喜ぶ人はいるかもしれませんが、それが目当てで購入を検討する人は少ないでしょう。これでは引きが弱く、描写で終わってしまう。そうではなく、**生活のどんな場面の何を変えるのかまで想像できるのが提案です。**

「電話が苦手な人のためのスマホ」というフレーズは、その商品が誰にとって有益かを明確に提案しています。電話をかけるのが苦手、かかってくるのも苦手、そうしたターゲットに対して具体的な解決策が登場したと訴えるわけです。スマホの機能が複雑すぎるせいで、肝心なときにバッテリーが切れてしまう事態をなくすなど、よりリアルで具体的な解決を訴えてもいいでしょう。

商品が他の複雑なスマホと一線を画していること、それによる価値を理解してもらうこと。説明と説得を同時に行ってしまうわけです。

[一言を魅力的に見せる方法]

2

誰も動いてくれない

損

歯科検診を受けましょう

↓

人が動いてくれる

得

一番痛くない治療は
検診です

人には、大切だと分かっていても怠けてしまうことがたくさんあります。運動、ダイエット、早寝早起き、寄付に禁煙などなど。性善説でも性悪説でもなく、人は弱いと考えてみる。すると、「歯科検診を受けましょう」という伝え方は、一般的な啓発メッセージ。行くべきなのは分かっている。でも行けない。**聞く側に行動を促すためには、強い動機づけが必要なのです。**

こういうときは、いいところから考えていくと苦戦します。「虫歯の予防に」「シニアになっても自分の歯で」と言われても、それは知ってるよと思えてしまうからです。行きたくない理由、それも正直ベースの素の本音を考えてみましょう。痛いのが嫌だ、音が怖い、予約が面倒、先生がなんか怖い、絶対歯医者さんに怒られる。**そういうネガティブな本音に、どう提案すれば魅力的に映るか考えていくわけです。**

「一番痛くない治療は検診です」と痛くないことを訴えてみる。「出勤前の15分で完了」と簡単さを知ってもらう。いずれも本音に向き合っている分、単なる啓発より行動につながるはずです。やる理由を考える、そのためにやらない要因を幅広くリストアップしてみましょう。

[一言を魅力的に見せる方法]

3

誰も動いてくれない

損

栄養満点ゼリー

←

人が動いてくれる

得

スイーツにもサプリにもなるゼリー

あなたが伝えたい相手が抱えている「不」は何でしょうか。「とにかく栄養が欲しい」ということなら、「栄養満点ゼリー」で喜んでもらえるかもしれませんが、これもやはり栄養があるという特徴をただ描写しただけ。一般的な健康食品と変わりません。相手にとって、ゼリーがどのように日常生活に役立つのかがぼんやりしていて、引きが弱いのです。

ターゲットの困りごと、もっと言うとわがままを想像してみましょう。ジムには通っていないが、ペットの散歩を運動代わりにしていて、健康意識は高い。プロテインなど専門的なアイテムは駆使していないが、食事記録アプリで栄養バランスの難しさを痛感している。痩せたいというより太りたくない。でもストイックすぎるのは続かないから、間食はほどほどに楽しみたい。そういう人に、どんな解決策を提案すれば喜ばれるのか、と発想していくのです。

もし「おいしくって体にいい」と伝えるのならこれは特徴の描写ですが、「スイーツにもサプリにもなるゼリー」と伝えるのは立派な提案です。ゼリーを一つのカテゴリに閉じ込めず、複数の役割を持つ商品として新しいポジションを確立しようとしているからです。

[一言を魅力的に見せる方法]

4

誰も動いてくれない

損

探す手間を削減

人が動いてくれる

得

仕事中の探しもの、
平均週8時間

ここからは**具体化**です。1つ目のコツはシンプル。まず5W1Hを意識しながら、伝えたいことの周辺情報をたっぷり書き出してみる。その中から、これは解決しないといけないと思わず感じてしまうような課題をピックアップするのです。

スタートアップのプレゼンをYouTubeで見るのが好きなのですが、分かりやすいピッチの多くは、**取り組んでいる領域の課題の大きさ・深刻さをかなり冒頭で説明しています。**「隙間時間にバイトを」という利点の前に、「今、深刻な人手不足で、半年も前にシフトを押さえられてしまう社員がいるのです」と共感を呼びかけるわけです。「探す手間を削減します」だけでは、何をどうやってどれくらい効率化してくれるのかが伝わりません。それを説明しまくっても、そもそも「探す手間って別に大したことなくない？」と思われていては馬の耳に念仏状態。「書類やデータを探すことだけに、平均週8時間も費やしている」と言われて初めて、事態の深刻さを理解できるわけです。**具体化された情報は、相手の心に強いインパクトを与え、一気に傾聴スイッチを押すパワーがあります。**

漠然とした利点でも、詳細な情報でもなく、そもそもの課題の大きさを具体的に知ってもらう。これであなたの提案の価値がより効果的に伝えられます。

[一言を魅力的に見せる方法]

5

誰も動いてくれない

損

絶品のラーメンです

人が動いてくれる

得

塩本来の「旨み」にこだわりました

本当は当たり前ではないのだけど、当たり前になってしまっている情報があります。飲食店なら安くておいしいこと。衣料なら高品質低価格。企業や個人の努力の水準がどんどん向上した結果、**本来ならすごいことがいつのまにか目新しく感じられなくなってしまっているわけです。**

「絶品のラーメンです」というフレーズは、商品の品質の高さを訴えているものの、お客も料理人なら誰もが意識していると考えているおいしさをそのまま描いてしまっています。これでは他のラーメンと大差ない印象で、同質化してしまいます。

そういうときこそ、具体化です。訴えたい魅力を絞るのです。「麺とスープと器にこだわりました」では結局何が他と違うのか分かりませんから、「スープの旨み」に絞ってみる。もしくはどんな食材、調理法なのかを具体的に伝えるのもいいでしょう。自分自身の哲学を言語化してもいいですし、競合を分析して同じ業界の一般的なワードを反面教師にしてもいい。常連など顧客の意見を集計してみるのも発見があるでしょう。具体的なこだわりポイントを1つ選び、そこを差別化ポイントに設定するわけです。ラーメンに限らず、競争が激しいジャンルではとても有効です。

[一言を魅力的に見せる方法]

6

誰も動いてくれない

損

新ルームウェア企画

←

人が動いてくれる

得

好きな人にだけ見せる服

言われてみればそうかも。そんな新しい視点をくれるのが「発見」です。ルームウェアは部屋で着るものだから、リラックスできる服というのがベタな視点です。これでは、伝えられた方は「知ってます」と思ってしまいます。何か考えようにも、すぐ行き詰まってしまうでしょう。**新しい答えは、新しい問いかけから生まれるもの。**チームへのお題を「新ルームウェア企画」と設定するのではなく、「好きな人にだけ見せる服」と捉えてみましょう。

では、どう切り口を考えていくといいのでしょうか。事業の課題によって変わってきますが、**例えば「ひっくり返す」視点はどうでしょう。**ルームウェアは誰にも見られない部屋着と考えがちなので、逆に誰かに見せるものと考えてみる。頻繁に買い替えないイメージがあるので、逆にこまめに衣替えすることを前提にしてみる。リラックス前提の肌触りが重視されやすいので、ビシッとして見えるルームウェアはありえないだろうか。こんなふうに、視点をひっくり返すと、新しい問いかけにつながります。「発見」は、ものの見方を変えてくれます。ものの見方が変われば、当然、思考のスイッチも普段と変わります。商品を魅力的に伝えるときだけでなく、新しい切り口でアイデアを考えたいときにもぜひ活用してみてください。

[一言を魅力的に見せる方法]

7

誰も動いてくれない

損

エグゼクティブ向けコーチング事業

←

人が動いてくれる

得

経営者版ライザップ

引用で、「発見」につなげましょう。何かを紹介するとき、比喩を用いることがあると思います。それと同様に、具体的なモチーフを引用するわけです。**ものの見方を変えていきながら、一気に分かりやすくなるアプローチです。**

非常に具体的ですので、一目でその内容と効果をイメージできます。そうしたインパクトの強さを借りると、言葉以上に多彩なイメージを受け取ることができます。全国に展開していきそうとか、成長につながりそうとか、そういった奥行きが出ます。ただそのまま説明されるよりも、はるかにイメージが膨らみます。

定番は、**「ジャンル×企業」**で事業を表現するもの。ユニクロ、IKEA、ライザップ、テスラなどビジネスモデルがユニークで成長を続けているところがよく選ばれます。その他には、**「分野×手法」**の組み合わせ。例えば、香水の定期配送サイトを「香りのサブスク」と表現する。**「動詞×モチーフ」**も多いです。空調機能のついた服を「着るエアコン」と表現すると意外性が強まりますよね。

参考になるのは、ニュースのタイトルです。特に新しいヒット商品をどう紹介しているかが勉強になります。かつて、X（旧Twitter）も「ミニブログ」と紹介されていましたが、新しいものをどう分かりやすくするのかはとても大切な技術です。

[一言を魅力的に見せる方法]

8

誰も動いてくれない

損

路上設置型ワークブース

←

人が動いてくれる

得

スキマオフィス

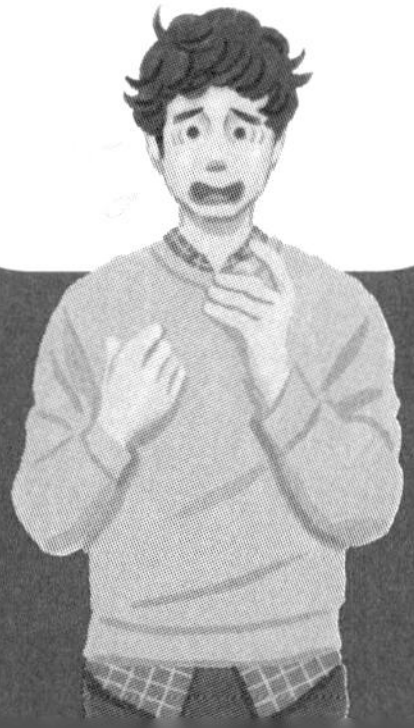

紹介したいものそのものを表現するのではなく、**所属する分野や市場にネーミングする感覚でワードを考える。** すると、印象が一気に変わります。プレミアムビール、グランピング、ファストファッション、フリマアプリなど急成長する分野には必ず名前がつきます。新たな市場を支える人々にも、ギグワーカーやスポットワーカーという名称が普及しています。

裏返せば、**人は名前がついているものには市場やニーズ、さらには勢いを感じるようになるのです。** 不思議なことに英語が多いのですが、原作の舞台を訪れることを「聖地巡礼」と呼ぶように、日本語で新ジャンルを表現することもあります。

考えやすいのは、「A×B」という掛け算です。ライブ配信しながら商品を販売するから、「ライブコマース」と呼ぶようなパターンです。ここでは、日本語を用いてカタカナにしてもよいでしょう。

あとは略語です。「駅の中の商業施設」を「駅ナカ」と呼んでみる。他にも翻訳してみると印象が変わることもあります。「読書会」をアメリカでは「ブッククラブ」と呼びますが、よりカジュアルで新しい体験に思えてきますよね。

おわりに

いつかじゃなくて、今なんとかしたい。そんな悩みに応えたくて、この本は生まれました。

コミュニケーションにおいて本質的な思考を磨くこと、地道なトレーニングを積むことはもちろん大切です。でも、ケガをしたときに必要なのは、「自己免疫力を高めましょう」というありがたいお話ではなく、一枚の絆創膏ではないでしょうか。そういう即効性を目指して執筆したこの本が、今まさにお困りのあなたのお役に立てたのなら、こんなに嬉しいことはありません。

言葉には、相手を動かす力があります。そう信じるようになったのは、自分自身に言葉で動かされた経験があるからです。

大学受験のとき、前期も後期も同じ第一志望に挑むという賭けに出ました。前期は不合格。残すは後期のみ。当時はオンラインではなく、電報で発表という時代でした。広島の自宅で祈るように待っていました。

まさかの合格。学校へ報告に行くと、同級生や先生、後輩からものすごい祝福。すごい、おめでとう、さすが、信じられない、天才だ、やったじゃん、奇跡だ、遊びに行かせてくれ、胴上げだ。たくさんの言葉をもらいました。帰宅して、じいちゃんに報告。目尻を下げ、ポツリ。

「ようがんばったなぁ」

ありふれた言葉でした。でも誰もかけてくれなかった、いちばん欲しかった言葉でした。本当に嬉しかったことを今も覚えています。

きっと、どんな場面であっても、そういう言葉があるんだと思います。凸凹した心に、ぴたりとハマる言葉。難しい言葉でも、おしゃれな言葉でもない。大袈裟にする必要もない。

何気ない言い回しだけれども、嘘のない言葉。言いたいことと、言ってほしいことが重なったとき、人は言葉によって動かされるのだと思います。


いくつもの伝え方の説明に最後までお付き合いいただき、ありがとうございました。本を閉じたら、あとは使ってみるだけ。最初は小さなきっかけでも、やってみることが大切です。そういう一歩を誰よりも応援しているのがこの本ですから。

最初はぎこちなくてもいいです。慣れたらアレンジしてもいい。言葉は相手に届けているのと同時に、自分宛にも届くものだと思います。使っているうちに、少しずつ考え方や振る舞いが変わっていくはず。そういう変化もぜひ楽しんでみてください。


改めて、執筆という貴重な機会をありがとうございました。おかげで、娘は保育園で「パパは本を書いている」と自慢することができました。応援の手紙ももらいました。言葉の持つパワーを改めて実感しました。

妻をはじめ、家族のサポートにも感謝しています。最後に、めちゃくちゃ勉強頑張ろうと決意したにもかかわらず、大学を留年しちゃってごめんなさい、じいちゃん。

著者略歴

藤田 卓也（ふじた・たくや）

コピーライター 1987年生まれ。広島県出身。京都大学、東京大学大学院を修了。大学時代には京都学生祭典の実行委員長を務め、京大総長賞を受賞。

2012年に電通入社。理系で言葉を扱うことが苦手だったものの、新卒でコピーライターに配属。コピーライターとして100社以上のコミュニケーション施策を手がけ、言葉を軸にCMや新聞広告はもちろんブランド開発からSNSキャンペーンまで領域を問わず担当。また、電通のサマーインターンシップの講師や東洋大学でのキャリア支援講義なども務め、のべ1,000名に伝え方を教えてきた。

主な仕事にIndeed「仕事さがしはIndeed」シリーズや史上初のワンピース実写化となった「麦わらの一味」シリーズ、日本コカ・コーラ「チーム コカ・コーラ」、スタディサプリ「18の問い」、漁師がつくったモーニングコールサービス「FISHERMAN CALL」など。国内ではCM好感度ランキング1位、広告電通賞最優秀賞、ACC賞、TCC新人賞、ADC賞、PRアワードグランプリなど受賞。他にもアジア最大の広告賞であるSpikes Asiaでゴールド賞、世界で最も古い広告デザイン賞のニューヨークADC賞、アジア・パシフィックSABREアワード最優秀賞をはじめ、国内外で20以上のアワードを受賞。最近の仕事に、ファミリーマート「コンビニエンスウェア」ブランドローンチおよびコンセプト、京都高島屋S.C. 専門店ゾーン「T8（ティーエイト）」ネーミング。 現在はLINEヤフー社に所属。

伝《つた》え方《かた》で損《そん》する人《ひと》 得《とく》する人《ひと》

2024年11月2日　初版第1刷発行

著　　者　藤《ふじ》田《た》 卓《たく》也《や》
発 行 者　出井 貴完
発 行 所　SBクリエイティブ株式会社
〒105-0001 東京都港区虎ノ門2-2-1
ブックデザイン　菊池 祐
イラスト　山崎真理子
校　　正　ペーパーハウス
D T P　株式会社RUHIA
編集担当　水早 將
印刷・製本　中央精版印刷株式会社

本書をお読みになったご意見・ご感想を
下記URL、またはQRコードよりお寄せください。

https://isbn2.sbcr.jp/27942/

ISBN978-4-8156-2794-2